童喜喜教育文集

家教演讲录

童喜喜 著

电子工业出版社
Publishing House of Electronics Industry
北京·BEIJING

未经许可，不得以任何方式复制或抄袭本书之部分或全部内容。
版权所有，侵权必究。

图书在版编目（CIP）数据

家教演讲录 / 童喜喜著 . —北京：电子工业出版社，2022.11

ISBN 978-7-121-44375-6

Ⅰ . ①家… Ⅱ . ①童… Ⅲ . ①家庭教育－通俗读物 Ⅳ . ① G78-49

中国版本图书馆 CIP 数据核字（2022）第 182681 号

责任编辑：杨雅琳
文字编辑：李楚妍
印　　刷：三河市君旺印务有限公司
装　　订：三河市君旺印务有限公司
出版发行：电子工业出版社
　　　　　北京市海淀区万寿路 173 信箱　邮编：100036
开　　本：720×1000　1/16　印张：12.75　字数：153 千字
版　　次：2022 年 11 月第 1 版
印　　次：2022 年 11 月第 1 次印刷
定　　价：68.00 元

凡所购买电子工业出版社图书有缺损问题，请向购买书店调换。若书店售缺，请与本社发行部联系，联系及邮购电话：（010）88254888，88258888。

质量投诉请发邮件至 zlts@phei.com.cn，盗版侵权举报请发邮件至 dbqq@phei.com.cn。

本书咨询联系方式：（010）88254210，influence@phei.com.cn，微信号：yingxianglibook。

总序

从一线酿造的教育蜜糖

我非常高兴地得知本书即将出版，仔细读完书稿，很是惊喜。

童喜喜作为专业的儿童文学作家，她的教育研究生涯比较特殊。从1999年资助一位失学儿童开始，到2009年为"新教育实验"担任义工之后，她一直以不同的方式，和一线教师并肩奋斗。可以说，本书记录的中国教育经验和中国教育故事，是具有深远意义的。

我非常佩服童喜喜，她的悟性之高、写作速度之快，以及她对新事物的发现、掌握和表达，均不是常人能够做到的。

我读过童喜喜的很多儿童文学作品。她的第一部童书《嘭嘭嘭》获奖无数，畅销至今。更令人惊叹的是，十万字的作品，她竟然只用了六天的时间就写了出来。她的"新孩子"系列童书，作为开启非虚构类儿童教育文学的杰作之一，对儿童的成长有着划时代的意义。

我了解童喜喜对新教育研究和推广的贡献。她是新教育的参与者、反思者、引领者。新教育发起人朱永新教授指出，童喜喜的哲学功底、教育悟性、人文素养和文字能力，再加上过人的勤奋，让她脱颖而出。

我知道童喜喜对中国阅读推广做出的贡献，也知道她只身一人在一年时间里深入中国100所乡村学校，免费举行196场讲座的壮举。

还记得2017年10月的一天，童喜喜向我介绍说写课程的研究，提出"读写之间说为桥"，以"说"打通读和写，把写作的复杂过程跟思维的运转过程联系起来。我当时特别兴奋，告诉她这个主意非常好。从"说"的角度深入研究写作教育，确实是一个非常好的创意。

童喜喜不仅做了，而且从学校教学、家庭教育等不同层面开展，就在这套作品中把不同人群的说写技巧提炼了出来，其中"创造奇迹的说写革命"是针对学生的说写训练，"教师喜阅说写技巧"是针对教师的说写技能提升，"家庭说写八讲"是针对父母的操作指导。她把这套思维训练的说写课程从学校扩展到家庭，并且与家庭教育结合起来。这种做法真是太棒了！

这套作品涉及的主题非常广泛，形式也非常丰富，既有诗歌，又有散文，既有演讲，又有很多教育论文和操作性、指导性很强的手册等。书中主要关注的三点内容，既是中国教育的重要问题，是中国教育改革重视的三个方面，也是世界各国教育当下面临的难题，是全球教育改革最需要做的三件事。

第一件是教师的专业发展。教育改革的主力军是教师。教师成长的核心问题是教师的专业发展，因此，我们需要不断为其提供动力，使其提升能力。童喜喜思考和写作的这一点，也是世界各国重视学习中国的一个热点。特别是中国在国际学生评估项目（PISA）评比中取得优秀成绩之后，很多国家把这样的好成绩归功于中国教师的能力和中国教师在专业发展上的贡献。童喜喜连续十年捐赠稿费，为一线教师开展公益项目，帮助数千位一线教师成长，其做法令人敬佩，经验值得借鉴。

第二件是新世纪的家庭教育。中国历来重视家庭教育，父母对孩子有着很高的期望，在家庭的亲子关系、教育投入上有着优良传统。这些对世界各国的教育都很有启发意义。进入信息时代，家庭教育有哪些重要变化？又有哪些新的方法？童喜喜对这方面的解读，也是一个重要的贡献。可以看出童喜喜所进行的努力，把中国传统的家庭教育提升到了一个新高度。

第三件是学生的学习与成长。学生的学习问题在很大程度上是学科阅读的问题，学生的发展问题在很大程度上是写作的问题。阅读和写作问题，是世界各国的学生都面临的最重要、最困难的问题之一。童喜喜不仅把阅读和写作视为研究的重心，而且对其有很深的理解，并给出了很好的建议。其中，"童喜喜说写课程"对写作和阅读的探索，即便在美国的同类研究中也没有多少文献记载、没有多少经验分享。从世界范围来看，她的研究具有很强的引领性、创新性和指导意义。

这些年来，我听许多教师讲过，他们特别喜欢读童喜喜的书，喜欢听童喜喜演讲，我也有同感。这套作品再一次给了我这种感受，主要有以下四个特点。

第一，内容具有很广的适用性。

内容能够满足读者的需求，大家爱读、大家想读、大家要读，这是对一本好书最基本的要求。作为一套书，当然更应该如此。

我在中国读完大学，又在美国的大学执教三十多年，无论中国还是美国，有一件事让我深有感触。一直以来，特别是进入信息时代之后，书很多，文章更多，但并不是所有的书或文章都能吸引人们去读。国外真正有价值的教育著作也不多，从概念到概念的文章和图书，只是抄来抄去，增加文字垃圾，对教育现状没有积极作用。

尤其在当今的教育领域，从世界范围来看，理论和实践之间普遍存在着巨大鸿沟。有些教育理论，看上去挺好，但高高在上，难以深入实际，读者本就不多，更难落实到一线教育中。一线教师往往认为这些教育理论艰深难懂，无法应用，教师的专业发展因此受到限制，新的研究成果很难应用到一线教学工作中。近些年，有观点提倡一线教师从事研究与写作，但受到客观条件限制，这一倡议存在很多困难。出版教育专著的一线实践者不多，他们的写作水平通常也不太高。因此，实践工作者够不上理论工作者的理论高度，理论工作者难以切入实践工作者的工作实践。在教育中本应密切配合的双方很难沟通，这是全世界普遍存在的现象。

只有好的教育作品，才能填补专家与一线实践者之间的巨大鸿沟。童喜喜正是做出了这样的努力，她的作品确实填补了这个鸿沟。

童喜喜作为深入一线的专业教育研究者，特别懂得一线教师需要什么。她能够迅速把高深的教育理论深入浅出地表达出来，能够把自己专业研究的知识贡献出来，把理论转换为专业技能性的指导，转化为教育方法，从而真正满足读者的需求。对于能够真正提高实战技能和专业素养的作品，广大一线教师是有很大需求的，而这套作品能够充分满足这些需求。

第二，叙事具有很强的启发性。

一本好书，应该具有启发性，能让读者有感想、有思考、有共鸣，甚至觉得感同身受。这不是每个作者都能做到的，尤其是教育作品，能够让读者感同身受的不多。但我相信，童喜喜的这套教育文集能够取得这样的效果。

纵观童喜喜的这套教育文集，其使用的表现手法就是叙事。童喜喜用自己非常拿手的讲故事、深度描述等方式，来进行教育的叙事研究。可以说，本套作品是进行叙事研究的教育成果。

叙事研究是目前世界上正在大力提倡的教育研究方法。它把事件放在一个大背景下，观察事件、表达事件、反思事件、揭示事件，在所叙述的原有体验或原先研究的基础上，深入阐释，揭示事件背后的深刻意义，进一步总结归纳出理论或操作方法。

童喜喜的《智慧行动创造教育幸福：新教育实验十大行动理论与技巧》一书，就把新教育的十大行动，通过叙事手法，研究、分析、解释得非常到位，把十大行动真正落到实处，并对其进行了条理化、系统化、可操作化的梳理与总结。她做得非常深、非常细，也非常务实，给出了非常方便的抓手。我当时就说，这是十大行动的2.0版本，是十大行动的指南。这也是这本书取得非常好的销售成绩并且获奖的原因。

童喜喜的这些著作，对叙事的手法运用得非常好。这些书里的叙事，几乎都可以作为我们教师在专业发展中学习叙事研究的一个范本。因此，从这套书中，读者可以学到很多。

童喜喜所做的教育叙事研究是非常难能可贵的。她做的很多工作填补了许多教育研究的空白，也弥补了许多教育著作因为从概念到概念、从理论到理论，从而少有人问津的缺憾。她把高高在上的理论与一线教育的实际联系起来，让叙事研究深入浅出，把教育文章写得喜闻乐见，让教学方法变得清晰简捷，让一线教育工作者喜欢阅读、乐于实践，这就是这套作品对教育的杰出贡献。

第三，理论具有很强的深刻性。

有深度的作品才能耐人回味，激发人们进行深度思考，而深度思考当然离不开理论。

来自国外的理论概念，一般来说只有经过本土化改造，具有中国的文化背景，结合中国的教育实践，才能真正对现实有所激发，才能真正具有深刻性。我们可以从童喜喜的文章里看到，对于一些理论，她并不是进行大段深奥的论述，而是用很通俗的语言来表达。

例如，童喜喜提出"同心圆"理论。

她在家庭教育中，运用了这个概念，来描述儿童与世界的关系：同心圆的中心是儿童。在儿童中心的周围，是家庭，是教育，是工作，是文化……这些外部的环境，一圈一圈地扩展出去。

她在新教育十大行动中，也用到了这一概念。这时，是以行动为中心的，到教室，到学校，到区域……这些行动的范围，也是一圈一圈地扩大。

童喜喜告诉我，图示应该直观反映思想理念，如马斯洛的需求层次理论以同心圆表达比阶梯式表达更好，我认为很有道理。童喜喜的同心圈理论，用文学化的语言描述理论，实际上是用同心圈的概念来讲人与世界的关系。

换一种纯粹理论的语言来说，同心圈所说的就是生态学理论：从心理学的角度来说，就是心理生态学，也就是环境影响在孩子成长发育过程中所起的作用；从教育学的角度来说，就是教育生态学。如今，国际上的教育学者普遍认为，要做好教育，必须从家庭到学校，一层一层地往外扩展。

又如，我在《新父母孕育新世界》一书中，看到童喜喜提出了一个很好的概念——"元家庭"。

元家庭这个概念的核心，是讲如何通过叙事手段进行记录，把家风、家教、家训、家庭精神在代际之间进行延续和发扬。如果用纯粹的理论来描述，实际上就是社会资本与文化资本的理论。社会资本与文化资本的理论，正是研究这些社会关系，特别是家庭关系，是怎么通过文化传承，来做到代际传承的。

本套作品提出的理论有着深刻的理论背景。童喜喜提出的概念十分深刻，又是深深扎根在中国的基础上提炼而成的，因此，这些土生土长的概念能够促使人们深思，鼓励人们行动。

第四，语言具有很强的感染性。

好的语言是跨越理论与实践鸿沟的桥梁。特别是从交流的角度来说，一定要有好的语言，才能更好地描述和解读，使人们能够准确理解作者的思考。

童喜喜有一种一般人没有的能力，那就是把很复杂的事情，用很精练、很到位、很传神的语言传递给教师、传递给父母、传递给孩子，能把深奥的道理说得通俗易懂。这不是一般的教育人能做到的，也不是一般的作家擅长的。

童喜喜既有教育人的思想与方法，又有作家的文笔。语言上的功力成为她的优势，无论书的整体结构、文章的起承转合、标题的凝练传神，还是文字的张弛有度……都非常吸引人。

好的作品一定具有这些特征，而这些特征在童喜喜的书里得到了清晰的体现。因此，我可以非常自信地说，这套作品一定会非常成功。

童喜喜就像一只小蜜蜂，采撷着教育一线的花粉，这套作品是从一线酿造出的教育蜜糖，也是为教育一线酿造的蜜糖。相信在未来，童喜喜会酿造更多蜜糖，给更多人带去更多惊喜，带去新教育的幸福，带去好教育的甜蜜。

美国马萨诸塞大学波士顿分校终身教授、
中国教育三十人论坛成员　严文蕃

目录

父母孩子一样大·1

公益之利·34

相信中国存在着的精神·43

在共读的心桥上——家庭·48

我在做个新的孩子·56

共读共行新孩子·70

我们在精心培育利人主义者·77

"听读绘说"活用绘本·79

中国儿童精神·92

以儿童阅读创造数字化时代的未来·97

喜阅童诗·101

说写创造未来·128

信息时代和后现代主义双重困境下的家教回归·139

信而行·149

童书孕育未来·152

家校社共育的常见误区和对策·155

新家风鼓起信息时代家教之帆·163

公平读出新孩子·171

后记：已得广厦千万间之后·182

附录：童喜喜主要创作年表·184

父母孩子一样大

（2011年10月12日，郑州，航空港区实验小学）

亲爱的父母朋友、父老乡亲：

非常高兴今天能来到这里，我跟大家分享的主题是《父母孩子一样大》。

这个题目不是故弄玄虚，而是请你重新关注一个事实：在你的孩子出生之前，你是谁？

在孩子出生之前，你从来没有当过父母，只是普通的男女青年。其实我们做父母的年龄，和孩子是一样的，因此，孩子在学习、成长，我们作为父母也要学习、成长。每个父母都期望孩子成才、成功、幸福，然而，如何行动才能实现这样的美好心愿呢？

一、我的特殊成长经验

我们常常说中国人多，我们身处在一个竞争的时代，而且竞争特别激烈。你想把孩子送到好的学校读书，当然是希望他有出息。

我们在平时会遇到很多困惑，譬如同龄的孩子，在同一个班上课，由同样的老师教，为什么有的孩子成绩不好？而学校常常说家庭教育很重要，可是，即使是寄宿制的学校，学生的成绩也是参差不齐的。寄宿学校也常常有老师说："我5天的教育成果抵不上他回家2天的放松懈怠，孩子在学校里很好，回到家里表现就不行了。"

我们每个家庭就这么一两个孩子，有没有什么办法，在竞争这么激烈的情况下，能够保证孩子成才、成功，乃至幸福？

以我的经历、体验，我认为有办法帮助他们。所以我今天要特别讲讲我的父母是怎么做的。

有一张照片，记录了我在2008年传递奥运火炬的瞬间。那一年，我成为中国最年轻的十大作家奥运火炬手。原因有两个：一个是我的创作成绩，我的作品已经获得了十几个国家级的奖项，证明我在同辈作家中是佼佼者；另一个原因是，我不仅能养活自己，还有余力去帮助他人。

我的父母是怎么教育我的呢？首先要说说他们的文化程度，也就是我们家的文化背景。我父母的文化程度都是高小毕业。其实高小毕业是小学还没有毕业，读到四五年级就辍学了，算不得高学历。

其次，我再说说我家的经济状况。在那个时代，我父母是双职工，按说经济状况还是不错的。但是，我家有一个特殊的情况：我有3个叔叔、1个姑姑，他们4人的读书、就业、成家，都是由我父母亲自操持的。

因此，我和我哥读小学的时候，是家里最需要花钱的时候，也是最穷的时候。穷到什么程度呢？现在大部分家庭的孩子都读过幼儿园，我也读过幼儿园。我读幼儿园第一天回到家里，父母问我学了些什么。我特别骄傲地告诉他们，我学了上、中、下，1、2、3。这些我都会，我的叔叔姑姑早教过我。

没想到，我父母相视一笑，他们想的是：既然你已经会了，为什么还要送你去幼儿园浪费钱？家里本来就捉襟见肘。

于是，我就读了这一天幼儿园。所以说，现在的孩子们比之童年的我，多受了好几年的教育。

再说学校吧，我也不说一般学校跟名牌学校的天壤之别，我就只说两件事。

第一件事，作为学龄儿童的我，离开学校后由谁来陪伴？我父母白天要上班，晚上下班要回到十几里地之外的老家帮爷爷干农活。带我长大的是我的外婆。外婆除了认识人民币上的字，其他字一个都不认识。我常常笑外婆"只认识钱"，她是一个纯粹的文盲老太太。

第二件事，我后来在写作上取得了一些成绩，估计有朋友会认为我至少读了与文学有关的大学专业吧。但是，我读的专业是你们想象不到的——铁路信号。这是关于铁路运输安全的专业。因为我父母说，我们是普通人家。那么，普通人家的孩子应该好好读书，有一个好工作。我就是这样成长起来的。

那么，究竟是什么让我真正有了一份好工作呢？我记得我家有张照片，照片中的人是我的爸爸，他正在往墙上钉书架。这可能是全中国独一无二的书架。

当时我家的住房面积并不宽敞，建筑面积只有72平方米，使用面积更小。72平方米的房子，再放几个大书架还怎么住人？而我爸他自己其实根本就不喜欢读书。他高小毕业能读多少书？！但是他和很多父母一样,希望我好好读书。哪怕就在这样小的一个家里,我爸说也一定要有书架,书要摆在架子上。为什么摆在架子上而不是装在箱子里?因为好不容易买回家的书,如果放在箱子里,你一忙也许就忘了它们,甚至一辈子都不记得它们。而把书摆在架子上,你再忙,一抬头扫一眼,也能看到它们,有点闲暇,就会抽出来读几页。

我爸往墙上钉的书架就是小卖部里面的货架,一根钢条上有很多眼儿的那种。我爸跑去市场上买回了很多钢条,照葫芦画瓢,在家里沿着墙壁钉了一面墙的书架。很快,我们家的书架就摆满了各种各样的书。这些书在我的成长中,给了我最大的熏陶。

大家都知道,犹太人重视教育,善于经商。这与他们嗜书如命、崇尚阅读密切相关。据统计,他们每年人均阅读60多本书。你们知道中国人每年人均阅读多少本书吗?说起来让人汗颜,中国人每年人均阅读4.5本书(2010年)。

所以,这就是我今天来的目的,我要讲的不是泛泛的阅读,我要讲的是与孩子读书最密切的事情。

二、电视与阅读

美国教育家比格勒说过,现在影响孩子读书的最大问题是集中注意力的时间日渐缩短。他说,这都是电视和电子游戏造成的。大部分家庭里都有电视,但你知道电视对孩子读书意味着什么吗?

我挑其中三个字,即三个特点来说一说。

第一,短。电子影音导致孩子集中注意力的时间缩短,因此老师在上面讲了10分钟，他可能最多只集中精力听了1分钟。为什么会这样？

孩子捧着书，一秒就能翻一页，你觉得他认真读书了吗？你肯定觉得他没有认真读书。那么，你知不知道电视一秒放多少张图片？24张。很多张图片飞快地从眼前"飞"过，才能让人感觉它是活动的。

你的孩子一出生，因为你很忙，你把他（她）放在电视机前，你觉得孩子好歹也要学点知识。没错，他的确学了一点知识，但是他的学习习惯就这样被破坏了。电视机一秒闪过24张图片，相当于电视机前的孩子以一秒读24页书的速度进行阅读。所以孩子注意力集中的时间极其有限。

第二，慢。通过看影像汲取知识的速度非常慢，而通过正常阅读书籍汲取知识的速度是看电视的3~20倍。和你想象的相反吧？这是经专家研究得出的结论。

第三，呆。电视扼杀了孩子的想象力。经常看电视，让孩子变呆了。想象力是个什么东西？简单地说，我希望孩子要有一份好工作，而且是别人抢不走的好工作，怎么办？那么，他必须有"一招制敌"的办法去完成这个工作，这就要靠扎实的基本功和想象力。无论社会生活还是学习生活，都离不开这两种能力。一个经常看电视的孩子，这两种能力都是欠缺的。

为什么看电视会扼杀想象力？举例来说，孩子没有见过我时，他今天听说童喜喜要来，他会想象童喜喜是什么样子。因为不了解，所以人们会想着童喜喜是老的还是少的；是男的还是女的；是长头发还是短头发。这就叫想象力。孩子的想象力为什么被扼杀？他一看电视，哦，童喜喜原来是这个样子啊！用不了一秒，就扼杀了他脑海里想象的千百万个"童喜喜"。

所以，我们不遗余力地提倡阅读。新教育实验自启动以来，百万师生的实践充分证明了，无论在教室还是在家庭，阅读是非常有助于提高学习效率的。

三、阅读能力就是自学能力

什么是阅读？什么是有效阅读？我说的阅读，更多的是指读课外书。阅读课外书培养的是孩子的阅读能力，也就是孩子的自学能力。

为什么要读课外书？世界著名的苏联教育家苏霍姆林斯基说，考试成绩越差，越应该读课外书。如果一个孩子考试成绩差，就相当于他把课本的内容"吃"进去了，但是消化吸收不了，他的身体底子还弱。这就和吃了食物但是消化不了、没有吸收营养一样。此时应该给他多吃一点有助于消化吸收的粮食。这就是我们所提倡的成绩越差的孩子越应该读课外书的道理所在。

阅读课外书带来的良性循环，最后一定会在工作中显现出来。2000年的《国际成人阅读能力调查报告》指出："学历高低固然会影响就业机会，但学历相当时，阅读能力强的人担任高技能白领工作的概率明显高得多。而且，阅读能力比学历高低更能准确地预测一个人在职业生涯中的发展。"

我尤其想请大家注意下面这句话："阅读能力比学历高低更能准确预测一个人在职业生涯中的发展。"也就是说，一个孩子只要他阅读能力强，哪怕别人比他考试成绩好、文凭高，他也能够找到一个更好的工作。你相信吗？其实，我能走到你的面前就是一个"阅读能力高更能保障职业生涯发展"的证明。

下面，我要围绕着培养专业的阅读能力，也就是自学能力这一话题，来跟大家分享，如何让孩子通过阅读真正变得幸福。

四、儿童的三种精神食粮

什么是阅读能力？刚才我提到过，当你听说童喜喜来做报告时，你脑海中想到的是一个人还是一朵花，一只猫还是一只狗？或想的是"童喜喜"三个字的笔画、拼音？都不是。你只可能想到的是一个人，因为只有人才能做报告。

从某种意义上来说，阅读能力其实就是把信息转换为画面的能力。因此，每个孩子都有阅读能力，哪怕你不爱读书，你也有阅读能力。当你听说童喜喜要来做报告的消息时，你想到的是一个人要来，这就是阅读能力。

真正的阅读能力要求我们做的是什么呢？要求我们记住这一句话——书是粮食不是药。

你想让你的孩子变聪明、学习成绩好、越来越懂事吗？这就需要他获得心灵上的成长。孩子的身体要成长，对于一日三餐，家长们一定知道他需要吃什么来长身体，还要给他补充一些什么营养。

但是，家长朋友们有没有想过孩子的心灵成长需要什么"粮食"呢？这个"粮食"当然是书籍。对于孩子来说，这个"粮食"分为三种：

第一种是教科书，即课本。课本很重要。课本就是"母乳"。每个孩子一出生都要吃母乳，母乳营养、健康、卫生，但是只吃母乳的孩子长不大。老师的职责就是喂孩子吃"母乳"之外的"辅食"，让他长齐了牙齿以后，学会怎么去"吃东西"，怎么去读更多的书。然而，老师的职责不是我喂你吃就够了的，不能这样简单了事。所以，学校重视课外阅读，就是要求孩子在课堂之外还喜欢吃"粮食"。

第二种是教辅书。谁家没有教辅书？毫不夸张地说，身体长一寸，教辅书就要长一尺，数学卷子、作文书……这些都是最基本的教辅书。教辅书是什么呢？教辅书就是典型的药。孩子感冒很严重时，吃不吃药？当然得吃。不吃可能把孩子身体耽误了。但是孩子瘦瘦的，今天流鼻涕，明天打喷嚏，不算生大病，身体一直很弱，这种情况下，你若喂他吃药，恐怕会害了他，相信你也不会这样做。你这样做就只会培养出一个"药罐子"。同理，孩子数学非常差，这么多题要做，可是如果孩子只是做题，搞题海战术，你就会在学习方面培养出一个"药罐子"，他的学习能力是不会"健康"的。所以，我说的第三种书才是最关键的书。

第三种书是儿童读物。请注意，这种"粮食"才是孩子需要大量"吃"的"一日三餐"，是每天除了上课还要吃的"五谷杂粮"，他"吃"了这个，就会越来越聪明。什么叫儿童读物？成人的理念，有积极乐观的，也有消极悲观的，有心平气和讲道理的，也有读了之后就生气的。所以，我们说成人读物是能量读物。那么儿童读物是什么？所有儿童读物，不论什么题材，一定有一个标准，那就是以积极乐观的心态去面对问题，解决问题。所以，儿童读物又可以被称为正能量读物。

我特别强调过，孩子在学校读书时期，尤其在小学阶段，要多读儿童读物。所以，家长要记住，书是粮食不是药。让孩子多读儿童读物，才能促进孩子健康、乐观成长。

平时我们看见孩子身体长得很强壮，但是，大人又常常说孩子不懂事。这说明什么？说明这时的孩子，在精神层面上其实是一个很"瘦弱"的孩子。因此，在保证孩子吃饱穿暖以后，接下来一定要多想一想，孩子的心灵"饿"了没有，你要为孩子买一些什么儿童读物来读。

在生活中，我们又是怎么做的呢？

例如，孩子说："爸，我想买这本书，你给我买。"家长会说什么？"买什么买，家里面的书还没看完呢！"为什么大人会这样说？

孩子跟你说："爸，我中午红烧肉吃腻了，晚餐不想再吃，你给我买一条鱼吃吧。"你会不会买？你肯定会买。如果你真的没钱买，你心里还会难受，心里想：你看我家孩子想吃一条鱼，我都没钱买。

为什么孩子要你买书你就不同意了呢？因为你把它当成了"药"，家里有"感冒药"，为什么还要买？这就是错误的理念。

这不能怪家长。这是家长长期被"骗"的结果。因为我们的老祖宗一直都说"四书五经"才是正经书，其他的书都是闲书。如今，在升学的压力下，等于教科书就是正经书，其他课外读物都是闲书。其实，书是粮食，闲书不闲。所以，我要强调，书是粮食不是药，要天天吃。

五、儿童阅读的方法

了解到书是粮食后，我就要告诉大家教孩子"吃"好的几个技巧，也就是阅读的方法。

提高阅读的速度，这个很重要。譬如，考试的时候，试卷发下来，面对一道题目，10秒看懂题和3分钟看懂题，效率肯定是不一样的。这就需要在平常训练阅读速度。读什么呢？读长篇小说，这个是提高阅读速度的有效方法。

要改变粗心大意，读什么？请读侦探类的故事。这样的故事中，前面有线索、后面有谜底，孩子对照着一读，就懂得应该在阅读中注意细节了。

想提高写作能力，读什么？一说到提高写作能力，家长想到的就是要读作文书，如作文大全、作文荟萃、作文技巧等。在听完我前面的演讲之后，你可能会想我会让孩子读读儿童读物，如儿童文学、小说。读这些都只是一方面，它只是积累好词、好句的方法。其实，要提高孩子的写作能力，要读科普书。科普书就是讲我们这个世界上太阳能发光，我们周围有些什么树、什么鸟、什么虫的书。因为它讲的就是我们应该写的内容。好词、好句，是告诉孩子怎么写才能够更好，那只是写作的形式，科普书里讲的才是写作的内容。所以，一定要让孩子读介绍自然百科知识的科普书，否则巧妇难为无米之炊。

那么，想增强记忆力，怎么读呢？孩子记忆力不好，有一个训练方法：孩子记不下来的时候，你就对孩子说，你闭上眼睛在脑海里画一幅画，然后你再来对着看一看。这个方法不仅对孩子有用，对大人也有用。据说长期这样在脑海里回放还能够提高大人的记忆力，我把它简单地称为画画式阅读法，读完了在脑海里闭着眼睛画一幅画。

六、循序渐进的自主阅读法

对父母而言，更注重的应是怎么为孩子选书，然后让孩子自己喜欢读。因为我们不可能随时随地陪伴在孩子身边，必须要让孩子自己喜欢读，他们越读越有意思，才能真正享受到阅读的愉悦。这个也是有办法和诀窍的。

第一个方法，给孩子讲故事。

不论是老师还是父母，尤其是孩子在上小学一二年级时，一定要给孩子讲故事。科学家爱因斯坦说："你想让你的孩子变聪明吗？那么给你的孩子讲故事吧！你想让你的孩子变得更聪明吗？那么给他讲更多的故事吧！"

为什么一个科学家这么强调讲故事？因为所有的故事都包含着两方面，一方面是做人的道理，教育孩子善良、孝顺、好好学习；另一方面讲的是知识的萌芽。讲一个科学家的故事，你的孩子知道了这个科学家是这样生活的，他对科学及相关知识有了兴趣，这就把一个爱学习的种子播种在孩子心里了。

第二个方法，买书的时候注意图画与文字的比例。

孩子小的时候，先选择图多的书，随着年龄的增长再过渡到文字多的书。

第三个方法，注意书的内容。

内容上从熟悉的到陌生的，从儿童到成人。在这里，我要特别提醒家长朋友们关于四大名著的阅读。

名著好不好？所有的名著都是好书，每一本名著都相当于一座人类精神的高峰。就像自然界的山一样，高的山、美的山，就是名山。四大名著是中国人的四座精神高峰。

但是，有没有人说过，这四大名著是中国儿童的四大高峰？没有。生活中我们常见的情况是这样的：

老师号召，父母们回到家里要督促孩子多读书。

父母回答，好，我配合学校工作，我要买四大名著。买回家之后，要求孩子好好读。

孩子的答案是，我不喜欢读。

父母生气，认为不喜欢也要读，这是好书。老师要求读课外书，你必须读课外书。

结果呢？书是好书，老师提的是好要求，父母是好心，孩子也是个好孩子。最后，硬生生地，这"四好"就变成了"一坏"，那就是孩子再也不喜欢读书了。

为什么？

你想想，孩子还没有长牙齿的时候，你会给他吃什么？会喂他牛奶，喂他稀饭。你会不会对他说，孩子，我给你一个核桃，这个核桃特别有营养，补脑的。我相信你一定不会这样做。

成人世界里的名著，给孩子去读，就相当于把一颗核桃塞在没有牙齿的儿童的嘴巴里。孩子从此被这个名著哽住了。你还不知道，天天在那怪他不好好学习，不好好读课外书，结果他真的就不好好读课外书了。

所以，我强调一点，名著同样要分儿童和成人。儿童阅读名著，应该从儿童名著读起。中外的儿童读物中，就有无数的儿童名著，这些都是专门为孩子写的。1岁的孩子有属于1岁孩子的世界儿童名著，2岁、3岁、4岁等不同年龄段都有相应的作品。从儿童往成人的阶段读，他渐渐地腿脚越来越有力气，自然而然地就能够爬到山峰上。所以，我们要做的就是给孩子搭梯子。

七、读后思考才有效

读书一定要有效果，因为时间很宝贵。怎么样才能让孩子读书有效果呢？我特别提醒大家：读后思考才有效。

请你们特别注意，思考就是在读书过程中消化吸收的过程。如果我跟你两个人长期吃同样的饭、吃得一样多，你长得又高又壮，从来不生病；我天天病病歪歪的。为什么？因为你消化吸收了，我没有。所以，思考是让你的教育资金不被浪费的最好途径。

思考有很多种办法，我给大家推荐一个最厉害的办法，是我的亲身体验，也是我接下去要全力以赴来做的事情，就是下面这4个字——口头作文（说写课程）。

怎样才能让孩子学会思考？你让他写出来，当然是一种促进思考的好办法。但是，你不像老师那样懂方法，而且孩子的时间是有限的。所以，直接去写，效果一般。我来给大家讲一讲，为什么我能够以写作立足，为什么我当初读的是"铁路信号"这个和写作完全无关的专业，最后却走上了写作这条路。

我当年读的小学，各方面的条件远远不如我们的孩子如今读的学校。但我正好碰上了全市中小学口头作文比赛。我是我们班上口头表达最好的。因为我读的书比别人要多。第一，我家有时间让我读书，因为我没有上幼儿园。第二，我家重视我读书，有书可读。我父母在供销社收购组上班。很多人家，还有很多单位，把他们不要的旧书卖到那里，那里就是我的"幼儿园"。我父母工作的时候，我就在那里待着，先阅读，然后写作。

为了强调这一点，我要告诉你们，我写过一本书，是我写的第一本儿童文学作品，叫作《嘭嘭嘭》。这是我得奖最多，也是卖得最好、最受大人和孩子喜欢尤其是父母喜欢的一本书，因为这本书讲的就是家庭里的故事。

《嘭嘭嘭》是一本10万字的小长篇。我用6天的时间写完了它。就是因为口头作文的作用，把写的过程变成说，就简单了。

所以，我走进学校就对老师讲，我研究阅读，越研究越会发现，阅读若要读得有效果，就一定要思考。我从广泛阅读进而走上写作之路，一个最关键的节点就是口头作文。

每个星期，让孩子说两篇作文。你知道一个人正常说话1分钟能说多少字吗？1分钟能说200个字。所以，孩子回去跟你说3分钟的话，就能说一篇600字的作文。

当然，开口乱说也没什么用，需要按一定的规则去说。

有两个要求。

第一，用书面语言进行口头表达。假如孩子回到家里，很兴奋地对你说："童喜喜！爸爸！我们学校！我今天看到了！"他这样说话，你懂不懂？你一听，哦，大概意思你明白了。这是口语。但这不叫书面语言。你要对他说："别急，你说完整。"怎么说完整？就是要说："爸爸，童喜喜今天来我们学校，我看见她了。"也就是说，你要求孩子说话逻辑要自恰、句式要完整。这就是使用书面语言，或者说是接近书面用语。

第二，你要帮助他。方法很简单：绝对不批评，重复好句子。牢记这10个字，就能帮助孩子。

例如，他说了100句，他说得一般，前言不搭后语，总算是说完了。这时你可以说："哎呀，你刚才说的那一句'读写之间说为桥'，说得真好！你进步真快！"

这样每个星期做两次，会非常有效果。我收到过一个爸爸的来信，他在家里训练孩子做口头作文，做了一年多。是我零零星星教他做的。他遇到什么困难，我就教一下。现在他的孩子上小学三年级。这位爸爸给我发来了孩子写的中篇小说，5万字。孩子先是列了一个提纲，然后把这个故事说了下来。爸爸妈妈开始没有想到有这么长的篇幅，将孩子说的录音整理、打印出来，才发现有5万字。一个三年级的孩子，能一下子提笔写出来5万字吗？不可能。但用说写的方式，他做到了。

所以，一定要说。但不是乱说，是要说口头作文。试算一下，1分钟说200个字，孩子说10分钟就等于说了一篇2000字的作文。孩子回到家哪一天不跟你说10分钟的话？其实说写是完全有条件完成的。所以，要相信，只要坚持用这样的方式说书面语，一定能够促进他的思考，提高他的写作能力。

我以专职写作者的身份告诉你，写好作文没有任何捷径，就是要多读、多练。多读是输入，多练是输出。为什么有的同学越写越来劲、越写越好？就是因为他喜欢上了写作，在多练。但是，每一天都写是不可能的。尤其是随着年级的增长、课业的加重，更加不可能。可是，每天都说，是可以做到的。不仅在学校里要多说，在家里也要多说。

关于"绝对不批评，重复好句子"这样简单的要求，背后其实有着非常深刻的道理。不管孩子说得多差，也不要批评，因为这样才能让他拥有自信，不害怕写作文。为什么你要重复他说的最好的那一句？这是教育学中的一个黄金原则：你告诉他怎么做是对的，永远比你批评他做错了要有用得多。你告诉他这一句说得真好，他就知道这种说法是好的，接下去就会按照这个方向继续前进。如此一来，孩子既保持自信，又知道不足，是最优的学习状态。

八、尊重思考重于一切

前面我介绍了一个促进孩子思考的办法，下面我要介绍一个父母促进儿童阅读思考的原则。你想让孩子读书有效果吗？有一个原则不能违背，就是尊重孩子的思考重于一切。

有一次在郑州，我刚做完了一个讲座，有个爸爸就说："童喜喜，你说得不对，我觉得孩子读课外书，不仅不能够提高孩子的学习成绩，还把我家孩子带坏了。"

我听了一愣，请他继续说。原来他家的孩子读小学三年级，是个男生。平时考试成绩处于中游，也就在10名到20名之间徘徊，但是孩子憨厚老实不惹事，做父母的很放心，也很满意。

突然有一天，孩子对刚下班的爸爸说："爸，爸！我想好我长大了要当什么了。"

爸爸看儿子有了理想，很高兴，问："你要当什么？"

"我想好了，长大之后当土匪！"

什么？当土匪？本来工作了一天就很累，听儿子说长大要当土匪更加心烦气躁，爸爸再三追问，原来是因为读了课外书。读什么课外书不好，非要读讲土匪的课外书？听儿子的这个意思，可能是讲当土匪还不错的书吧。于是，爸爸一生气，三下五除二，就把儿子看了一半的书给撕了。

因为当时是许多父母带着孩子来听讲座的，我听了孩子爸爸的讲述有些不解，就问这个孩子怎么回事。孩子怎么也不肯说。等讲座的所有环节结束之后，我跟孩子单独交流了十几分钟，他才告诉我："当土匪多好，太幸福了！"

我没有打断孩子，笑眯眯地看着他的眼睛，鼓励他继续说。"当土匪住在山上，环境好，不像我们郑州环境污染比较严重。当土匪不用像我爸妈那样起早贪黑地上班，太辛苦了。等我长大了我就要找一座山，也让我爸妈不用上班了，接到山上去享福，然后我天天在山上玩。"

看，这就是孩子的思维。

所以我就想问，就算你真的是为了孩子想当土匪而生气，可孩子还没有忘记把你接到山上去享福，你还能说孩子是坏孩子吗？你还会那么生气吗？肯定不会，他起码有孝心。

这种时候，我们做父母的该怎么办呢？

要尊重孩子。尊重孩子的思考，重于一切。

为什么要尊重？

因为哪怕孩子到了上六年级的年龄，可能个子比我还高，但是他思考事情的方式和成人是完全不同的。成人思考事情有逻辑可循，因为有一才有二、再有三。孩子思考事情是一、五、二、四、三……是片段式的，思维是跳跃式的，想到哪算哪。

作为父母，一听孩子要当土匪就火冒三丈，把他的书撕掉了，这样粗暴地对待孩子，结果会如何呢？

也许接下去他还在继续想着当土匪，就像那个小男孩对我说话时，仍然觉得做土匪还是很好的。但是，孩子已经不再想把父母接上山一起去享福了。作为父母，中断了他的思考，也扼杀了他的孝心。

更重要的是，孩子越读书就越聪明，越聪明就越敏感。他今后读的书越来越多，成绩也越来越好。但是若你没有关照到他的敏感，他可能会不再理你。他会觉得父母不行，没文化、没水平。然后，对父母关上心灵的大门。

就像我前些日子去山西运城的一所学校做讲座，散场后，我和几个老师往外走，有一个孩子的妈妈追着我出来，她一边哭一边说："童老师，我不知道该怎么办，我女儿六年级，我们母女从来没有好好地谈过心。我跟她说一句，她有10句等着我，我要批评她一句，她要顶撞我100句。"这就是典型的孩子心灵的大门向家长关闭了的现象。

所以，若希望孩子心灵的大门不对你关上，你就要尊重孩子。

父母怎么尊重孩子？

像刚才的那个小男孩和爸爸。如果父母有时间、有心情、有能力，当然是最好的。这样的时候，就可以因势利导。首先表扬他的孝心，再好好地跟孩子说明白土匪是旧社会杀人放火、沿路抢劫的人群。

可是，父母是人不是神。如果父母没时间、没心情、没能力呢？我也要告诉你一个办法，保证你再累、再忙，甚至你文化程度再低，就像我外婆一样，一个字都不认识，也都能用上。这也是我父母对我采用的办法。那就是：我从小到大，只要有关于读书的问题去请教我父母，无论我去跟他们说什么，他们这个时候都会说："嗯……好！"屡试不爽，能够激发我的思考。

例如，你正准备炒菜，锅里直冒烟，孩子读了书，跑来说："妈妈，长大了之后，我要去当土匪！"你会回答："嗯……好！"你能够说出来吗？

我非常希望你能够说出来。我总结的这个促进思考的办法，就叫作"信口开河法"。作为父母，你就跟孩子信口开河地说，你耐心地听他把话说下去，你若可以安静、认真听他说则更好，若实在太忙，你边继续做自己的事边听也可以。

我可以向你保证一点，这样开展阅读，孩子不会变坏。

对那个孩子想当土匪的爸爸，我后来专门对他说：我们要对阅读有信心。也许，这本书的后半部分讲的其实就是土匪如何不好，但是你已经把它撕了，孩子看不见了。而且，即使那一整本书讲的都是土匪好，你也不要担心，接着读下去，一定会有一本书会教我们的孩子，原来土匪是不好的。你需要做的是尊重。

九、书因信重生

尊重孩子，你就能够做到一件事情——增进情感，使家长跟孩子情感融洽、关系很好。

你和孩子的关系好不好？现在可能都还好。孩子越大，就越难处好关系。所以，怎样才能让父母和孩子关系好呢？首先第一条，就是尊重。

我要特别强调：大人跟孩子关系好，孩子读书就有效果。因为家长跟孩子的关系融洽，孩子的情感就会相对丰富。他读书时，便会觉得书里的那些人都是活生生的，书里的那些事都像真事儿一样，这就相当于读书读成了"身教"。

我们都知道，身教重于言传，然后就会有这种效果——书因信重生。

关于"信"，我给你们再讲一个《月亮和六便士》的故事。这是一本很老的书，是写给成人的一本世界名著，是英国作家毛姆写的一本长篇小说。

这本书讲了一个40多岁的中年男人的故事，他有一份很好的工作，家庭和睦，妻子贤惠，子女聪慧。可是有一天，他突然抛弃这一切，离家出走了。为什么呢？人们最后终于找到他，发现他离家出走是为了去画画。

问题在于，中年男人从小到大都没有画过画。38岁的那一年才去上了一个成人的绘画培训班，然后，马上就被老师劝退了。老师说：你画得这么丑，肯定也没什么天赋。你脾气还很犟，我教你怎么画，你偏不那么画。你就画自己的画，何必来上这个培训班呢？他就这样被老师劝退了。

随后的两年里，他越想越觉得自己太喜欢画画了，这一辈子若不能好好地去画画，活得就没价值、没意义，不值得、不幸福了。这个男人再一想，自己已经这么大年纪了，之前一切都为家庭，现在该为自己活了。于是他就抛弃了已有的生活去画画。故事的结尾是这个男人成了一名画家。

在现实生活中，像《月亮和六便士》里的男人一样的男人可能成为画家吗？

我读到这个故事的时候已经工作了，像我父母希望的那样，我当时端上了"铁饭碗"，在国企上班，应该说工作还是很不错的。与此同时，我父母也多了一种身份，以前他们是"双职工"，我上班之后没多久他们就变成了"双下岗职工"。就是在这样的背景下，我读了这本书。

读完后我就想：尽信书不如无书。这样的事是真的还是假的？

想了又想，我就觉得不管是真是假，它讲的这个道理，应该是真的。它讲的道理就是人活一辈子当然要做自己最喜欢做的事、最想做的事。那我最喜欢什么？想来想去，我的确不喜欢我当时所从事的铁路事业，我做不来，做不好。我最喜欢写作！

于是，我做了一个决定，跟《月亮和六便士》中的那个男人一样，我辞职了，一门心思地去写作——当然，在辞职前，我要攒钱，我要说服父母，做了很多准备工作。

这就是我的故事。我因为相信了《月亮和六便士》这本书，所以，从一个普通员工变成了一个专职的写作者。

前几年我开始研究阅读的时候，就想到了这本改变我一生的书。我到网上去搜索这本书，想知道一些背景资料，毕竟这本书对我的人生有重要的意义。结果我才知道，原来这本书中的情节是根据真人真事改编的——故事里面的那个40多岁、没有基础没有天赋、最后成为画家的男人确有其人。他就是世界著名画家——高更！

你敢相信吗？

所以，通过我的亲身经历，我要强调一点——尽信书不如无书，讲的是知识上的。而在精神上，无论读什么作品，尤其是在阅读文学作品时，我要特别强调另外一点——不信书不读书。

所以，在你的家里，孩子阅读之后，通常会发生两种情况。

第一种情况是孩子相信书。

孩子把书读完了，对你说："爸，我今后长大了也要去当画家。这一个星期，我们老师给我们读了一本课外书，书里面讲的那个画家的生活特别迷人。"这个时候你会怎么回答他？你会不会说："当什么画家，现在你的数学考试都没考及格，赶快给我做数学题去！"

你如果这样回答他，就是在破坏孩子读书的效果。如果他的学习成绩真的那么差，同时他又想当画家，你就可以对他说："我相信你肯定能成为画家，不过我听说数学研究的都是三角形、四边形，就和你画画的道理是一样的，所以我相信你的数学成绩肯定也会很好，你现在先去做数学作业吧。"你看，这样对他说话，效果是不是更好呢？所以说，怎么与孩子说话还真是一门学问，你绝对不能破坏孩子读书的效果。

第二种情况是孩子不相信书。

孩子对你说："妈，这是什么书啊？你看书里讲得都这么好，可是我班上的那个同学，他又不读书、整天欺负别人，结果因为他家里有钱，日子好得不得了，比我们家日子好多了。"

这个时候你要怎么告诉他呢？你会不会说："对，书里就是假的！"一般父母应该不会这样说。但是，通常父母会怎么说呢？你会不会说："孩子，你什么都别想，就好好去读书、去考试，考完之后我们成绩肯定比他们好，这样的话我们就一切都好了。"这样的回答，也并不理想。

这个问题也困扰了我很多年。最后我有一个答案，我建议可以这样对孩子说，就像我这样对自己说一样："孩子，我们都是普通人家的孩子，所以我们要去相信书里的那些美好，然后我们要去行动，把美好活出来。"

鼓励孩子读书，更鼓励孩子先去相信，再去行动。也就是说，孩子的老师不是你，而是书，是书中的美好引领着孩子一直往前走。孩子往前走，会走到多远，你作为父母都可能会吃惊。最后你会发现，孩子原来还能这么棒！

十、共读是最简单、高效的家庭教育

我在这里跟大家分享一种最简单、最有效的家庭教育方法。这个活动在我们很多学校里面其实已经开展了，如果在家里真正做起来，就如虎添翼，这个方法就叫作共读——共同阅读。

给大家分享一个真实的故事。2008年，有一个记者来参加我的《嘭

嘭嘭》系列书新闻发布会和作品研讨会。会后，她拎着一套书就走了。我之前不认识这位记者，但是半年之后，记者给我打来了一个电话，一开口就哭了。她给我讲述了她和孩子的经历。

这位记者妈妈生活在北京，离婚好几年了，一个人带着当时上五年级的儿子生活。儿子以前虽说调皮，但还是很可爱的。自从父母离异之后，儿子越来越叛逆。学校就找家长，因为她离婚了，学校就只能找妈妈。她回家就教育儿子，结果儿子又恨学校又恨她。总而言之，进入了一个恶性循环。

想不到，有一天她刚刚回到家里，儿子突然冲上来，抱了她一下，对她说了一句："妈妈我爱你！"就这一句，她感动得热泪盈眶，第一次对儿子用上了记者的本领，做了一些明察暗访，弄清楚了儿子为什么突然说这句话。

原来，那一天是周末，妈妈这天临时有工作外出，儿子恰好没有地方去，就被妈妈留在家里。妈妈把其他有碍学习的东西都上了锁，就想让儿子好好学习、好好写作业。结果儿子还是不愿意好好完成作业，就到处乱翻，翻出了她参加《嘭嘭嘭》系列书的作品研讨会后带回家的资料，其中就有《嘭嘭嘭》这本书。

我在这里简单给大家介绍一下《嘭嘭嘭》这本书的内容吧。《嘭嘭嘭》里的主人公就是一个小学生，这个小学生的名字就叫作童喜喜——也就是我。我跟现在的孩子一样，有一个最大的特点——你对我好，都是应该的；你要是对我不好，对不起，你就完蛋了……

这一天，我写了一篇很好的作文，我觉得应该得到老师的表扬，可是，老师没有表扬我，却表扬了一个我瞧不起的男生。我太伤心了。回到家，我觉得父母应该安慰我，没想到我父母不仅没注意到我，反而自己在吵架，还吵得热火朝天的。

我觉得，这日子没法过了，这个世界太没意思了，我想离开这个世界。如果我能够当一个隐形人，那该多好啊！

我经历了千辛万苦，真的隐形了。隐形之后，刚开始，我觉得隐形果然很快活。隐形的身体像云彩一样，没有了身体也不用吃饭，日子过得很逍遥自在，既不用上学，也不用看我父母的脸色。隐形人没有身体，所以有一些便利条件，如去哪里都只用闭着眼睛想三下。就这样，我跑来跑去、玩东玩西，好不开心。

玩了几天，能够玩的都玩过了。我突然想到了一件事——我还没去过我妈妈的单位呢！于是我闭上眼睛想了三下，马上就到了妈妈的单位。睁眼一看，我妈妈正在往厕所走去。

我在厕所外面等，一等再等，妈妈都没出来。我才想到，我是隐形的啊，为什么不进去看呢？我赶紧跑进去，一看，大吃一惊。我妈妈不是在那儿上厕所，而是躲在厕所里，揉自己的腿。

之前，我一直都知道我妈妈工作很辛苦，回到家里腿常常是肿的，可是我从来没有这样看到过妈妈躲着揉腿。我又是心痛，又是惭愧，就在那里百感交集的时候，心口突然有一阵"嘭嘭嘭"的感觉，就像我被人打了三拳，痛得眼前发黑。等我清醒过来的时候，妈妈已经离开了厕所。

这是怎么回事呢？我突然想到我的隐形朋友宝宝树告诉我，当隐形人会得一种病，病的名字叫作"嘭嘭嘭"。

我一想，那肯定是我妈妈单位不太好，写字楼太封闭，有病毒。我就赶紧跑去了外婆家。她住在郊区，那儿的空气好。

我很久没有见过外婆了，结果刚刚进门，就听见外婆喊了一声："童喜喜！"我非常奇怪，她看见我了吗？我不是隐形的吗？

正在奇怪的时候，我就看见一只小猫跑过去，外婆抱着猫，摸着猫的脑袋说："童喜喜啊，早就跟你说了，不要到处乱跑嘛，外面很危险。"原来，我没有见到外婆的这段时间，外婆养了一只猫，还取了和我一样的名字。

看见这一切，我又感动、又开心、又惭愧，就在种种感情涌上心口的时刻，突然又是一阵"嘭嘭嘭"，还是那么难受。

接下去，不管我走到哪，不管见到了爸爸，还是见到了我喜欢的老师和同学，我的"嘭嘭嘭"越来越多，我只好去割除"嘭嘭嘭"。隐形人的医院不叫医院，叫"隐形加油站"。就在割除"嘭嘭嘭"之前，我突然想到一件事，就问排在前面的隐形人："这个'嘭嘭嘭'到底是什么？为什么会让隐形人这么难受？"

心痛？心跳？那么，心因为什么而跳？在什么时候这样跳？是紧张，还是激动？这些感情用一个字来概括是什么？是爱。

这时隐形人回答我："你连'嘭嘭嘭'是爱都不知道，到底怎么当上隐形人的？因为人类有身体，有了爱可以用行动去表达爱，所以没问题。可隐形人没有了身体，有了爱就只能堆积在心里，所以就会成为'嘭嘭嘭'，让隐形人痛苦。"

我才知道，原来，我要割除"嘭嘭嘭"，就意味着我要割除这些爱。要么，割除"嘭嘭嘭"，让我恢复健康，也就会忘记带给我爱的这些人和事；要么，留着我的爱，我的"嘭嘭嘭"就会越来越多，到最后病越来越重，我就会死。

记者妈妈告诉我，她的儿子就是看《嘭嘭嘭》看到这里，听到妈妈回来了，于是，儿子扑到妈妈身上，说："妈妈，我爱你！"

为什么记者妈妈能够了解这一切？因为记者妈妈被儿子感动之后，做了一件事——共读。她听儿子说读了《嘭嘭嘭》这本书，于是，她为了了解儿子，也悄悄读了这本书。后来，她和儿子讨论《嘭嘭嘭》这本书，儿子对她说：那天你回来之前，我正看到割除"嘭嘭嘭"的那一段，我还以为你再也不会回来了。

为什么儿子会产生这样的想法？在你最喜欢做的这件事情之中，会产生一种现象，和这个读书的孩子是完全一样的，这个现象叫作"心流"。心脏的心，流动的流。专家研究发现，人们在轻松而又专注地做一件事情的时候，就会投入其中，忘记了时间和空间，甚至忘记了自我的存在。这位记者的儿子正是因为轻松而专注地阅读，进入了这种心流的状态，进而在那一瞬间把生活和图书混淆，才会把书中激发的感情投射在妈妈身上。

专家研究发现，心流发生最多的情形，不是打麻将，也不是看电视，而是在读书时。所以，作为大人也可以借鉴这个方法：当你遇到什么事情心烦意乱，怎么也静不下来的时候，你只需要找一本平时最爱读的书，平均来说读上6分钟，就可以平静下来。

我讲这个故事，并不是说大人和孩子只有读《嘭嘭嘭》这本书才有这样的效果，而是想要告诉你，任何一本优秀的童书，都必然适合父母和孩子共同阅读。父母通过优秀的童书，回到童年，得到快乐，更加理解孩子；孩子通过优秀的童书，得到成长，了解世界，更多一分对父母的理解。当父母跟孩子一起读一本书，一起了解这本书的内容时，更容易产生心流。这样沟通的效果，就是在人与人的心灵之间架起了桥梁——好童书就是父母和孩子之间的桥梁。

第一，亲子共读可以提高孩子的自学能力和阅读能力。因为父母做了榜样，还可以跟他讨论，激发他的阅读兴趣，提高他阅读的效果。

第二，亲子共读就是用最简单的方法进行最高效的家庭教育。我特别要告诉那些工作忙碌的父母，你越忙越应该注意，给孩子讲道理没有用，讲故事才有用。因为孩子不懂事，不可能记得住道理；正因为孩子不懂事，才特别喜欢听故事。故事中蕴含的道理被孩子领悟后，孩子才会对其中的道理印象深刻。

第三，享受。刚才讲的记者妈妈和儿子，他们因为《嘭嘭嘭》而产生心流碰撞的时候，增进的不仅是儿子的孝心，记者妈妈也在享受着新的童年。

十一、成才、成功、幸福的家庭阅读之路

前些年，美国内华达大学调查了27个国家、73000名孩子。发现在中国，有藏书500册以上的家庭，孩子接受教育的时间平均多出6.6年。

为什么强调家庭？因为孩子有两个"学校"，第一个是校园，第二

个是家庭。家庭藏书多的孩子，相比家庭藏书少的孩子，受教育的时间要长出一大截。我们试想，从义务教育阶段再加6.6年，就意味着家中有500本藏书的家庭，孩子都读了3.6年的大学。这是一个非常惊人的数字。

如今从网络上买书赶上打折并不贵。1万元钱就可以买几百本书。而且并不是要求你一次买1万元的书。希望你就像给孩子买食物一样，今天买一个鸡腿吃掉，下个星期买一条鱼吃掉，就这样买下去。家庭藏书积少成多，培养孩子阅读的能力、阅读的自觉性，那么，你给孩子定的目标何愁不能实现呢？

在很多新教育的教室里，小学阶段阅读500本书都是常态。我们有一个新教育榜样教师，她的学生在小学毕业的时候，全班语数外三门满分的同学占1/3。

所以，你希望孩子成才的目标怎样才能实现？竞争这么激烈，你希望孩子应该发自内心地爱学习，不停地学习。阅读就是这样的学习工具。我们的阅读目标就是——激发阅读兴趣、提高阅读能力、培养阅读习惯、终生自主阅读。如果说一个孩子是上小学之后才开始阅读的，那么就在小学阶段，前3个目标都应该实现。如果一个人是成年之后才意识到阅读的重要性，那么就应该尽早主动提升。

成才，我们在这里指读书；成功，我们在这里指工作优异。面临着严峻的社会挑战，我们该如何走向成功呢？要想找一份得心应手的好工作，就需要不断提升自身的能力。在没有"铁饭碗"的时代，学历只是人生的第一块敲门砖，阅读能力却可以反复地敲开一生的门。对于成功来说，阅读是立身之本。因为，最好的教育是自我教育，而阅读是必不可少的自学工具，阅读能力加终身阅读就等于永远的竞争力。这就还得回到之前的那句话："阅读能力比学历高低更能准确地预测一个人在职业生涯中的发展。"

成功就是我们的目标吗？不是。成功未必幸福，幸福才是真正的目标。

对任何人来说，尤其对于父母来说，孩子的成功只是方法，幸福才是目的。在这么复杂的社会里，一个孩子怎么才能幸福？在阅读之中，在心流之中，孩子跟父母有一种牢固的亲情纽带，有了一个很深邃、很温暖的港湾，这就是幸福的基础。然后，通过阅读，看过更多人的人生，甚至因为心流而提前尝试多种角色，体验各种人生、活法，就会胜不骄、败不馁。这样的孩子自然就能筑造心灵王国，赢得完整的幸福。

中国自古就有读书的传统，有喻"万般皆下品，唯有读书高"。为什么今天还需要推广阅读呢？我把原因总结为几个方面。

科举制度窄化阅读：奉行1000多年的科举制度，让人们以为读四书五经才叫阅读，其他的书不推荐阅读。

经济衰颓无力阅读：近代的战乱，人们连肚子都吃不饱，当然更没有精力去阅读。

应试教育僵化阅读：我们这一代，又深受应试教育的困扰，认为教科书才是最适合孩子的，读不懂教科书就更加不能读其他的书。

信息时代围剿阅读：这是最重要的外在因素，也就是现在电视、电脑、手机都在占据阅读的时间。

正因为有了如此之多的不利因素，我们开展新教育实验，就是要开辟一条道路，全力推动全民阅读。

在欧美等发达国家，如美国的历任总统和夫人，都要到小学和幼儿园去讲故事，推动阅读。在新加坡，医院的护士都会叮嘱产妇要读书给婴儿听。

咱们生孩子的时候有护士叮嘱吗？我们中国近些年才刚刚开始推动阅读，但是，国家的政策比不上孩子的成长速度。你的孩子正在成长，等不及你的教育还停在原地。

中日甲午战争，日本获赔2.7亿两白银。日本政府拿这笔巨款做什么了？他们为每个乡村都修建了一流的小学。知道这是哪一年吗？1895年！日本1895年就在做这样的事。

这段历史故事，是我在写《影之翼》这本书的时候，为写作收集历史资料而读到的。

刚才我讲了《嘭嘭嘭》那本书，仅用了6天的时间完成。而《影之翼》这本书更特殊，它是中国第一部以儿童视角反思南京大屠杀的童书。适合孩子看的一定不能血腥，否则会破坏孩子的纯真和美好，但同时又要让孩子吸取教训，而且这个教训不是要培养他的仇恨，而是要让他懂得自己如何去成长，让自己强大。为了实现这个目标，这本《影之翼》的写作我花了很长时间，最后用了5年才写成。可以说是我写得最用功的一本书。

正是在写完了《影之翼》之后，机缘巧合，我遇到了新教育实验。之前，我并没有教育相关的背景，没有当过老师。那个时候我才知道原来中国有这样一群人，在如此认真地推动新的教育探索。所以，我和这样的一群人走到了一起，一起来做这件事。

在今天讲座的结尾，我要把《影之翼》的主题歌送给大家。这首歌也是我的"阅读之歌"。因为我的人生受益于阅读的太多太多，所以推动阅读是我传递幸福的一个过程。在这一路上，我也遇到了很多美好的同行人。这一首歌和几位美好的人有关——国家一级作曲家甘霖先生免费作曲、著名电台主持人新月女士免费制作、孩子妈妈陆星颖免费演唱，我也要免费和你们分享。

影之翼

你还记得我吧

其实我一直在你身旁

过去不会真的离去

让昨天告诉明天

回头看看我吧

即使你眼里还有泪光

含泪的眼睛

是黑暗里的灯

快和我飞吧

我们点亮每颗星星

> 去为赶路的人们
> 送上一点光亮

亲爱的父母朋友,你的孩子就正在赶路。在这条成长的路上,让我们一起去点亮星星,为孩子送上一点光亮吧!

公益之利

(2013年8月20日,网络,新教育萤火虫亲子共读全国讲座第25期)

亲爱的伙伴,晚上好!

公益的迷人之处在于它的柔软、温暖;在于它的平实、亲近;在于它是从人性自私之根上开出的无私花儿,是绽放于黑暗淤泥上的莲花。在公益方面,有个特别美妙的魔法:一个人献出一点,每个人都收获很多。

一、萤火虫之夏:亲子共成长

2013年7月26日至28日,我们在郑州举行了"萤火虫之夏"活动。这是新父母研究所一年一度的庆典。

这一年的"萤火虫之夏",我们有意识地缩小了规模,只面向萤火虫义工及其子女开放,是想做到小而精,去探索一种模式的可能性——如何充分利用孩子的暑假时间,以公益的方式,为父母与孩子们提供一个共同成长的亲子平台。

大家可能想象不到,这次活动完全是由郑州分站的义工承办的,没有依托任何机构,纯粹就是郑州分站的义工接待、服务全国义工。完全就是我们自己四处联络。

就在当月26日晚，人员基本报到完毕，活动已经开始。因为当晚的自助餐，阴差阳错导致多花了500元冤枉钱，负责的义工在现场大哭，经过和餐厅协调，最后省下了250元（没错，就是这个"吉利"的数字）餐费——这就是我们的义工。

我要申明：萤火虫项目的资金，绝对没有捉襟见肘到这种程度。

只是每个义工花项目经费，比花自己的钱还要节省。

大家可以想象，新教育萤火虫是一种怎样的公益组织。我为我是萤火虫义工的一员而感到深深骄傲、自豪！

当月26日晚到28日晚的短短两天中，有太多精彩瞬间值得记录。欢声大笑与热泪盈眶，几乎成了那两天的两种固定表情。也就是在这次活动中，我听说了许多孩子的故事，这是我今天晚上想跟大家分享的起因。

我听说，韶关分站的站长吕思凡和她的儿子在出行前，儿子一定要帮妈妈拿行李，说："你一个人拿太辛苦。"甚至说："要不然我就不去了。"到了郑州后，原本还有几分小男孩调皮劲头的儿子，突然一言一行都特别沉稳有礼。妈妈感叹："我第一次感到儿子长大了。"

我听说，优秀义工核桃是带着女儿、拉着先生一起前来的。那位有着灵动眼睛的美丽小女孩，早就是我们萤火虫之夏郑州站的一景，印在许多人心中了。但有另一道风景，却是一般人没能看见的：核桃的先生原来对核桃如此痴迷于这份义工工作大为不解。现场亲身参与后，先生立刻改变了，从原来的怀疑变成了默默的支持。谁说大人不是一直成长的孩子呢？

我更想说，我更坚信的是，亲爱的核桃，在离开郑州之后，你们一家人现在更加幸福了吧？

在我们义工中，还有位著名的男士，名叫真真爸。作为一位标准配置的聪明人——哦，你们知道聪明的标准配置是什么吗？

个人认为，聪明人标配——聪明+懒惰。

为了偷懒，人类越来越聪明。所以，聪明+懒惰＝真真爸。

可是，这么懒的人居然带着女儿千里迢迢从成都赶到郑州——他是没到郑州玩过吗？

那么，刚刚结束的郑州行，是什么吸引你带着真真来的呢？是早有计划吗？

成都真真爸：萤火虫聚会啊。

真真爸，为什么你会参加萤火虫聚会呢？

成都真真爸：让真真见识一下萤火虫。

为什么要她"见识"萤火虫？

成都真真爸：她在博物院做了多年义工，是来学习的。

你是为什么要她去做义工的呢？

成都真真爸：从三年级开始，让孩子接触和认识社会，从义工开始是最好的方式。

小学三年级开始，可真够早的！除此之外，没有别的什么想法吗？

成都真真爸：在博物院能学到许多鉴别古物、欣赏书画的知识，还能带家长免费参观临展。

真真爸的家教经验真是可以出一本书了，只看他懒不懒。我先约定了，只要真真爸写，我来帮忙找出版社出版。

二、公益父母：孩子最大的财富

我最近看了一本书，名为《阅读是最浪漫的教养》，孩子读初中的父母们可以看一看。

这本书的作者有三位——爸爸李伟文、双胞胎女儿A宝和B宝。

这位爸爸本职是医生，业余是一位资深环保义工，他养的一对女儿非常自律、热爱学习、积极准备考试——爸爸总是让她们去玩，她们却坚定不移地拼命读书、考试。

我相信，这样的孩子是很多父母梦寐以求的吧！但这位爸爸是怎么教育出这样的女儿的呢？

这位书里的爸爸有3个法宝——阅读、电影、公益。他说："我的主要方法是，假日、课余时间参加公益团体活动，多利用公共资源（如图书馆、文化中心或公园等），平日在家通过阅读、看电影，与孩子一起学习和成长。"

为什么这位父亲会特别说到公益？公益在百度百科上的解释是"有关社会公众的福祉和利益"。这种解释听起来可真够伟大、了不起！我深信，公益会是一个越来越迷人的字眼。但是，它的迷人不是因为它高尚、圣洁、伟大、了不起等。

公益的迷人之处恰恰在于它的柔软、温暖。

所以，说到现在，我才开始要说今天的主题了——公益之利。

三、公益之利：有利人人

我今天想说的是公益给我们带来的好处，它给我们每个人，无论大人还是孩子，带来的利益。

先让我们想想我们的父母吧。肯定能够想到我们父母与人为善、助人为乐的事情，对不对？有谁分享一下自己父母的此类故事？

焦作蓝馨舞：小时候家里不富裕，经常会有乞丐上门要吃的，妈妈会给他馒头。果园里的菜有时吃不完，爸爸会分给邻家。也许我们都是从小耳濡目染了父母的与人为善，现在也乐于分享。

绵阳素面朝天：我已经年近40了，母亲到如今在电话里面都是跟我讲，要对公公婆婆好，对公公婆婆孝顺，不能顶撞老人。这个算不算呢？

太原核桃：我妈妈喜欢太极，自己跟着光碟学，学得又快又好，就带一群老太太在爸爸学校的院子里打。每天清晨都去，她说那是她一天中最快乐的时间，她也因此结识了很多朋友，我家搬家时她们哭得稀里哗啦的。

新疆淡彩穿花：父亲为人把脉诊断从不收取费用，无论病人最后是否买药。

淮安鸵鸟：我的父亲因为贫穷高中辍学去当兵，可他用自己仅仅12元的津贴，一直资助一位学生考上大学，直到大学毕业。

厦门清风晓月：我妈妈70岁了，还坚持做卫生督导员，每天都在社区周围巡逻，不论刮风下雨。

北京清香静雅：我想我们每位亲人都拥有慈爱之怀，父母操劳一生、省吃俭用，但还能拿出积蓄去帮助生病的邻居，有好吃的也会与邻居分享。就是因为这种大爱，才有了我们今天这么多优秀的虫虫们。

"素面朝天"母亲的行为当然也算公益。上面所说的这些父母所做之事都是公益。"清风晓月"的妈妈真棒啊！

当然我的父母也算。我的父母也有很多这样的故事。

例如，我的叔叔、姑姑的求学、就业、成家，都是我父母操持的。所以我的童年时期，我们家非常穷困潦倒，比一般同龄农村孩子的家庭还要贫穷。

例如，我父母双双下岗那年，那时都不知道后来还会有退休工资，家里真是非常为难。结果我妈居然收留了一个10岁的流浪儿，养了半年，直到孩子的爸爸找来，才让他把孩子带走。

姑且把这些"善的付出"都算作一种公益吧。我想，我父母做这些的时候，是不会想到这些对我会有什么好处的。

但我的亲身感受是，因为受到父母的影响，我的命运直接改变了。例如，我热爱阅读，很大程度上也得益于我妈坚决不肯让我的叔叔、姑姑们辍学，叔叔、姑姑爱读书，影响了我，就有了今天的我。又如，我妈收养流浪儿的事，直接导致了我写出《嘭嘭嘭》一书后，把稿费捐赠给湖北省妇联的"春蕾行动"项目，资助了30个失学女童。

其实，在我们父母默默行善的当年，根本没什么公益一说，纯粹尽一点善心。现在，我们天天喊公益，很多时候反倒很难做到我们父母所做的样子。我觉得，倒也不见得是我们的父母比我们行为高尚，而是社会的大环境的确会影响个人。我们受到了影响也就罢了，毕竟我们是成年人，有分辨是非的能力，真正受影响的是我们的孩子们。

现在基本一家就一两个孩子。父母稍微注意一下，就能够留意到，现在的孩子相比于我们那一代人的童年还是孤独的。孤独是热情的杀手。没有热情，真正的生命又怎么去点燃？

每个人都爱自己的孩子。如何帮助孩子与人交往、学会合作？我们当然不放心孩子与奸诈的、歹毒的人交往。但是，在哪里能够有这样爱孩子的好平台？

我想，就是公益。是因为大家都需要这个利益，公益才有了发展的可能。

这就是人们常说的"助人者人恒助之，爱人者人恒爱之，敬人者人恒敬之……"

当然，这样的平台，不只是新教育萤火虫。而且，萤火虫才刚刚诞生不久，自身还存在着很多问题。可我一直坚信，因为公益精神不灭，新教育萤火虫才拥有光彩！

在我们的每个分站中，更多的父母期待萤火虫义工的服务，无论阅读方法还是公益精神，还有很多父母需要引领。但这不是可惜，而是幸运——我们在力所能及的范围内去引领了他人，成就的是我们自己。所以，我特别希望我们能够愉快、幸福地做公益。

我曾在微博上转了一句特蕾莎修女的话，我觉得犹如醍醐灌顶深受启发："在这世界里，伪装爱是如此容易。因为没有人会真切地要求你给予，直至成伤，直至成疾。"

我今天在写给朋友的信里，也说了一句话："自鸣得意的善是一种轻薄的恶。"

如果做公益，使自己伤痕累累并且悲痛万分（请注意，一定要是这两者同时具备），那么，已经是伪装爱了。如果不能带着一颗喜悦的心去做事，那么，即使做好事，也在本质上失去了美好的意义。

公益，公益，绝不仅仅是为了"公"而"益"，而是关乎每个人自己的利益。

在中国台湾，阅读推广的义工父母非常普遍，经年累月坚持走进校园为孩子们讲故事。有一位妈妈在回答为什么如此痴迷做义工时，这位妈妈说："如果我只把自己的孩子教得很好，通过阅读得到了很好的教养，却不惠及其他孩子，那就有可能是把羊放到了狼群中。我给别的孩子讲故事，实际上也是为了我自己孩子的安全。"

我们现在的行动就是在创造我们的未来。我们自己就是世界本身。

谢谢关心我身体的几位伙伴。我在这近两年的义工事务中，的确把身体累垮了。但是，首先我这个累垮是心甘情愿，并没有因此而痛苦后悔什么的。其次，我现在已经开始注意，我会好好调整休养身体的。

当然，比休养身体更重要的是修养内心，此前我一直自我警惕着——不可自鸣得意；今后我还会自我提醒——必须满心欢喜。

关于公益的利益，还有最后一句：公益完全可以在满足个人利益的前提下去做。正因如此，那些愿意牺牲部分个人利益而去做公益的人，才值得我们真心敬重。这就是榜样与底线的距离。

我再给大家讲讲我们西安萤火虫分站站长大漠的亲身经历吧。那是我到西安时，大漠给我们讲的他的一段往事——

大漠读大学时非常穷，几乎穷到食不果腹的程度。

大学的校门口有位卖白吉馍的老奶奶。白吉馍也叫肉夹馍，就是一个圆圆的、比较厚的烧饼，中间夹有切碎的肉、菜。

这位奶奶每天就只卖固定数量的馍，因为馍比别人的要大一点，生意很好。大漠外出做家教之类的零工回来，总会跑到老奶奶那里买馍。大漠没钱，所以每次他只买馍，不要肉。

买的次数一多，老奶奶猜到了大漠的情况。于是，不知从什么时候开始，最后的两个馍馍，老奶奶永远不会卖，会一直等着大漠回来。并且，会在馍馍上浇肉汤——不是夹肉，而是浇肉汤，只收两个馍的钱。

我想，对于我们每个普通人来说，公益，就是这两个不肯卖给别人的馍再浇上肉汤吧！

我们能力有限，没有能力送给全世界白吉馍，但我们肯定可以留着两个馍，浇上肉汤，只收两个馍的钱——把这种香喷喷的爱，一直传递下去！

我们的萤火虫义工大漠，现在又何尝不是在为西安的孩子们做着这样的事呢？我们全国的萤火虫义工，又何尝不是在为各地的孩子们做着这样的事呢？

这就是我今天要和大家分享的。

谢谢你们，谢谢你们一直的陪伴，让我的生命如此美好。希望借由我们的努力，让爱与美在这个世界上继续发光！

相信中国存在着的精神

（2013年9月10日，波兰驻华大使馆，雅努什·科扎克图书推介会）

题记：

2013年9月10日，我在波兰驻华大使馆，参加伟大的已故波兰教育家、儿童文学作家雅努什·科扎克（Janusz Korczak）的《小国王》《重返十岁》《孩子王》中文译本发布会。

雅努什·科扎克，是富有创造力的教育家、儿童文学作家、医生、记者、社会活动家。他曾宣称：自己一辈子既是波兰人，也是犹太人。他为了陪伴近200名孤儿至生命尽头，1942年8月5日或6日死于德国纳粹集中营。

一再放弃生存机会，为陪伴200名孤儿死在纳粹集中营的科扎克，其文学作品《小国王》《重返十岁》和传记《孩子王》，使人读之如见故人。他早年亦颇受欧洲新教育理论影响。

精神超越时空，缘分真奇妙。

到了会场，才知道我是有发言任务的嘉宾。稀里糊涂地做了个简单发言，脑子混乱，倒是更见真诚。

科扎克不仅是教育家、作家，更是一个超越了国界的、真正的人。

我们都有机会做一个真正的人。只要愿意，只需成长。

今天在这里发言，纯粹是个意外。在2013年8月19日，我得到了迄今为止最重的一句表扬，就是《新京报》的编辑朱桂英老师所言："默默认为，你是写科扎克的最佳作者。"她邀请我写一篇书评，因此我才得以走进科扎克的书，走到这里。

刚才，听了编辑朱策英和翻译魏荣梅两位老师的讲话，心里很感慨。

首先，我要反对朱策英老师说的一句话，他说："中国人普遍缺少一种精神，尤其是现在。"我非常反对这句话，因为这种精神现在就有。很显然，就在朱老师出版这套书之中发生的故事，就体现了这种精神。我也想说，坐在你面前的我，等会儿也会向你体现出这种精神。真正缺少的是什么呢？真正缺少的是相信，相信这种精神的存在。

这种精神，其实也是科扎克故事里告诉我们的意义。它其实在每个人的生命中都有，只不过有的人多，有的人少。即使有的人少，也不能完全怪自己，而是种种机缘巧合导致的。

围绕科扎克有很多相关的词语，朱策英老师刚才介绍了很多，有一个没有介绍，那么我就来介绍一下，这也是我坐在这里的原因。我在波兰驻华大使馆的网页上看到介绍科扎克的一句话，我来念一下："科扎克在早期就关注与培养儿童相关的事务，并受到'新教育'理论和实践的影响。"

"新教育"是100多年前从欧洲发源的一个教育改革行动。我在这里，除了儿童文学作家的身份，还有一个身份就是新教育新父母研究所的所长。我为什么要反对朱老师的那句话呢？因为"新教育"的精神从百年之前、从欧洲、从科扎克那里，到今天，就在中国大陆，就在我们的身边都有。

《重返十岁》这本书里有个细节：作者幻想有一所学校，非常美好，学生们都喜欢，放假了孩子们都舍不得回家，都说："老师，不要放学，不要回家，让我在这里再待一会儿吧！"书里，作者对孩子们说："不行，老师累坏了，你们在这里的话，老师会对你们很凶的！"于是，学生们只好很不情愿地回到家里去。

这个《重返十岁》里幻想的细节，在现实中，在我们身边的一个地方就在真实发生着。那个地方我去了无数次，最长一次在那里待了近半年，在那里担任义工组长。那个地方就是内蒙古自治区的一所新教育实验小学。学校位于大漠中的一个小镇，那里的孩子很喜欢对老师说："你再考我一次吧！"那里的孩子到了周末，的的确确不愿回家。

因此，那种精神，从当年到现在，从波兰到中国，或者我们甚至都不用谈论时空的转换，它就一直存在着。

我看这套书的时候，是从《孩子王》看起的，当我看到下面这段编者的话时，顷刻之间我就流泪了："'二战'结束后，波兰和以色列都宣布科扎克为本国国民，并在断绝外交关系的情况下，出席对方举办的科扎克庆典。"我想起了美国学者史密斯的一句话："万国之上，犹有人类在。"科扎克就是这样一个超越了国界的、真正的人。我在对教师做讲座时，曾把这句话扩充为好几句：教育之中，犹有我在；成人之上，犹有孩童在。

魏荣梅老师在《小国王》的译后记里写道：没想到小国王最后竟然被推翻了，我翻译到结尾简直受不了。我看到这里也是心有同感。接着，魏老师就迫不及待地介绍这之后还有《小国王》第二部的故事，我看了也很开心。

特别高兴有这样巧合的机缘参加这部书的发布会。很多时候，一本书的出版仅仅是作为知识的传承的。但是，更美好的书，它们是作为生命存在的，让我们互相点燃，互相碰撞，并且互相影响。这个影响本身就是一种教育，一种大的教育、新的教育。所以，我特别期待这套书能够继续出版下去，让科扎克更多的故事能够被更多中国人知道。

与此同时，我也特别希望让大家了解在中国也有像科扎克这样的人，每个人心中都有这样的火焰，只是你自己不知道而已——希望借助在座各位的笔，把这些精神传播出去。

最后我要向大家介绍一下这三本书的不同之处：

《重返十岁》，我特别推荐在座的诸位在有孩子之前，或刚有孩子，就去看一看，这本书用成人和儿童的视角对同一件事情表达了迥异的看法，会帮助读者理解成人和儿童的不同。而且毕竟是童书，有趣味性，阅读障碍也很小。对准父母、年轻的父母会很合适。

《小国王》类似《哈利·波特》，是探奇、冒险故事，可以直接给孩子看，孩子很容易进入故事。当然，如果是亲子共读，也能在沟通交流中有更多收获。

《孩子王》是科扎克的传记，可能更适合教育界的同仁们阅读。起码，我会向我做的"新教育种子计划"公益项目里的种子教师推荐这本书。这本书从某种意义上来说，揭示的是石墨和钻石的区别——人和人原本是一样的，但是因为个人的经历和周围的境遇不同，导致科扎克成了这样的一颗钻石。尽管我们可能终其一生也只是石墨，但是我们完全可以通过阅读这本书，感受钻石的璀璨光芒，从而对我们自己作为一个生命的存在多一些信心。

这就是我非常热切地向大家推荐这些书的原因。

在共读的心桥上——家庭

（2013年11月17日，北京，第六届新东方家庭教育高峰论坛）

非常高兴参加这个会议，最重要的一点是我从中受到了很大的教育，得到了巨大的成就感和自信心——因为我一直以来都觉得大声说话，尤其对于女性来说，是一个缺点。但是我刚才听了韩国专家的讲座才知道，原来，大声说话容易让人产生幸福感。

现在，我跟大家分享一个游戏——共读的游戏。读书原本是一个非常好玩的游戏，但在中国，其实是被长期误读的。

就像刚才韩国专家所说，游戏之中我们要大声喊，才能把一件普通的事情变成游戏。事实上关于阅读有一个词叫"心流"，这是一个心理学概念，描述的是一种心理上的状态，就是说人在轻松、专注地从事某种活动的时候，会投入其中，甚至达到忘记自我的一种心情愉快的状态。据统计，阅读是出现心流最多的活动。

我是新教育新父母研究所的负责人，这个研究所比较特殊，它是一个民间的公益组织，整个研究所的机构运营费用都是由我的稿费来支出的，几个公益项目的费用也是来自各方的捐赠。在这两年之中，全国有很多人投入其中。我们现在只有4位专职的员工，在全国有200多位义工，成立了32个工作分站。在我们整个研究所里，类似这样的一些项目都是建立在阅读的基础之上的。新教育从2007年就鲜明地提出了一个理念，叫"共读、共写、共同生活"，我们认为，真正的共同生活必须建立在真正的心灵交流之上，在真正的心灵交流中，读和写、输入和输出是必不可少的途径。

先前在成都参加的会议中，我总结了这样的几点，每一个都是结合着我们的公益项目提炼出来的：师生共读，最高效的教学工具；亲子共读，最简便的家庭教育；家校共读，最实用的共建平台；团队共读，最深入的合作试炼；网络共读，最自由的灵魂碰撞；城乡共读，最平等的精神互助；全民共读，最根本的民族精神；全球共读，最美好的和平世界。

今天，我就在这里主要来讲一讲亲子共读，讲一讲我们在最简便的家庭教育之中，要怎么样来开展阅读，并且通过两个人的共同阅读，把它变为一种生动活泼的、积极有效的、简单易行的家庭教育，甚至是游戏。

100多年前，就有学者发现了一个叫"住院型障碍"的现象。为什么会这么说呢？它描述的是一群养育院的儿童，他们能够获得充分的食物和身体上舒适的照料，但是没有人关心他们的心理健康，很多人甚至都得不到基本的鼓励。长期被遗忘导致他们运动、语言、智力发展水平低，以致麻木不仁、消极和无精打采，比较严重的还会意志消沉、萎靡不振，最后甚至出现因乏力而导致的死亡。

这个是100多年前的学者就已经发现的病态现象。可是到现在，在我们身边，尤其是在我们周围的很多家庭之中，常常可以发现同样的病状。针对这样的情况，我们认为，从整个人类的教育来看，学校其实是家庭的一个分支，是社会化之后，把教育的功能分割出去了一部分。因此，现在的状况其实是需要家和校的融合的。

在新教育学校教育的过程中，特别注意家校共建。我们认为真正的家庭不只是满足简单的吃、喝、拉、撒、睡的需求，更是一个文化的场所；不仅强壮人的体魄，更应该强健人的灵魂。所以在新教育的教育实践中，可以发现，孩子反而在应试教育上取得了非常好的成绩。这是为什么呢？其中的一大秘诀其实就来自于家校共建。在家庭之中，更重要的是精神上自如的交流和行动上彼此的呼应。那么，真正变与不变之中有一个不变的方法，就是共读。

什么是共读？我们总结了两个理念。

一、思考是阅读有效的分水岭

思考是阅读有效的分水岭，正因为如此，我们才需要共读。

我们有很多办法，如"心灵阅兵"。它是一个对阅读内容做简单回顾的过程，通过简单的对话，促进孩子思考。这些办法没有时间一一展开，但有一个宗旨，那就是要想办法在孩子读完之后能够非常有效地促进他思考。否则，阅读之后，书就是书，生活就是生活，完全是两张皮。

思考就是阅读的消化和吸收，而情感是点燃思考的导火索。对于这一点，新教育发现了很多独特的阅读方法。我在这里分享自己总结的两句话：书因情而活，书因信重生。身教重于言传，书籍可以成为你心灵的朋友。

我从2010年开始，用了大概一年的时间，跟踪调查浙江嘉兴和北京的两个小孩。她们都是小学四、五年级的学生。从各方面来说，北京女孩的基本条件整体超越了浙江嘉兴的女孩。北京女孩的爸爸是博士，妈妈是硕士，她就读于北京知名小学，非常爱读书，写作能力也不错；嘉兴是一个小城市，嘉兴女孩的爸爸是一名小学老师，妈妈是一个普通的职员，她就读于新教育的普通学校。

刚开始接触时，我首先发现她们性格不一样。北京女孩的性格很内向，嘉兴女孩则给我留下了一个外向的感觉。到后来，我才发现其实不是的。我走进嘉兴女孩教室的时候，她们老师点她的名说，你来主持这次见面会吧。之前没有安排这个任务，结果，她站在前面眉飞色舞地说了很多，并且说得很好。当时我本来不吃惊，因为现在这种小孩很多，主持班会之前都有准备。结果她的妈妈非常兴奋地找我说，她家女儿从来没有在这样的场合这样表现过，她非常感谢我。这时候，我才知道这个女孩也是很内向的，但是她爆发力很强，临场应变的能力很好。

更让我关注这个女孩的是在四年级寒假的时候，她写了一篇7000多字的小说。那篇小说到了可以发表的程度，也就是说达到了一般出版物的水准。她写的是自己的幻想，幻想她是住在小学校园的初中生的故事。

北京女孩当时同样是读四年级下学期，写作能力不错，但并不突出。这时候我就非常关注，为什么同样喜爱阅读，结果却这么不同？

经过长时间的观察之后，我发现两个女孩的生活状态有所不同。我第一次到北京女孩家里是晚上8点，她爸爸带我过去的。我走的时候是晚上10点，她的妈妈因为加班还没有回来。这个女孩跟她家里谁感情最好？是她家里的那只猫。据说是为了培养孩子的独立生活能力，不让爷爷奶奶来照顾，请个钟点工接送她上学放学，所以她跟猫的感情最好。嘉兴这个女孩则生活在一个其乐融融、非常普通的大家庭中。

所以，这样的观察让我联想到了我们自己的生活。例如，看同一部电视剧，我们从头开始看，就会跟着剧中人物的感情走，剧中人哭我们也哭，剧中人笑我们也笑。如果从中间开始看，隔三差五地看，你还会不会跟着剧中人号啕大哭？不可能。因为我们没有投入情感。

情感投入的深浅导致了阅读结果的不同，就是北京和浙江嘉兴这两个女孩给我的最大启示。我在书里塑造的人物，嘉兴女孩认为都是她的朋友，而不是我写出来的；但是北京女孩分得非常清楚。

所以身教重于言传，"身教"就是书里的朋友。

《月亮和六便士》的主人公，他脑子里突然想到的、在梦里梦到的，他会突然爬起来就写，但那对我来说不叫故事，因为那就是我生活的常态。所以你把时间用在哪里，最后别人都会看见的。这个就是我读了《月亮和六便士》之后，并且相信它之后，给我的人生带来的改变。

我相信了这本书，因为这本书活成了现在的样子。这就是我在研究之中体悟到的"书因信重生"。它带给城市和乡村孩子的影响不同，乡村里的孩子有自己天然的优势，他们纯朴，接触的东西比较少，因此更相信书中的道理。也许只读了一本书，但是他的人生就有了改变的可能。

二、家庭是情感循环的加油站

家庭是情感循环的加油站，既不停地增加我们的情感，又不断地促进我们情感的发生。

现在的孩子们回到家里，写写作业，做做游戏，每天都过得非常快。我们倡导的真正的情感是什么呢？是心灵的碰撞、精神的交流，这是需要环境的。

什么样的环境才能够造就我们心灵的碰撞、精神的交流？阅读是最优质的方式。

阅读最能够结合我们要做的教育，同时又是最简单可行的。我非常欣赏前面演讲的那位专家说的话，他一直在强调首先要让孩子喜欢一件事情。共同读书，给孩子讲故事，恰恰是能够让孩子喜欢读书的行之有效的办法。

阅读产生的情感随着我们的沟通和交流，可以更加愉悦，同时这个情感又激发了思考，最后这个思考让阅读变得更加有效。这是一个因果互促的教育循环，而且是一个非常简单的、良好的循环。

我想讲一个关于共读的故事。我们新教育有一位常老师，她的班上有一个学生的父亲是房地产公司的老总。这位老总自从女儿到了常老师的班上，参加了常老师开的第一次父母座谈会之后，就做了他人生中最大的改变——从那一天开始，每天晚上8点半之前必须要回家给孩子讲故事。

为什么要给孩子讲故事？开始他想的是，我要做一个好父亲。抱着一种神圣、庄严的"我要去努力完成这样一个工作"的心态来做这件事。但是到后来，为什么他能坚持自己一天一天讲下去，没有花钱请人来讲这个故事呢？这就是我刚才说的心流。我们现在都会给身体做保健，而国外现在正在开展阅读的心理疗法，也就是说父亲和孩子，无论是和家里的孩子，还是班里的孩子共读的时候，都会达到一种回到童年的快乐和幸福，类似心灵的按摩。这个才是比什么都更加可贵，多少钱都买不到的宝藏。

所以，新教育强调一点，这一点是作为课堂上的最高境界提出来的，叫作"知识、生活与生命的共鸣"。可以说在中国乃至在全世界，这样的课堂非常少，很难实现。但这一点在共读之中，尤其是亲子家庭共读之中，恰恰能非常容易地实现。通过这样的共读，我们可以把知识变为"智识"，变为我们掌握知识、运用知识的能力，而不仅仅是获得了知识本身，这才是共读真正的效果。

所以真正的亲情，并不是血缘之间简单的联系，它其实和所有的情感一样，都是一种精神的传承和共鸣。常年厮守在一起的人，不管是父母和孩子，还是教师和学生，最后以类似的人生观和价值观来面对世界，来发现并且去实现自我的时候，产生一种深刻和持久的感情，有了这样一种情感作为人生的基础，在上面新建的"楼宇"再高也不会坍塌。

所以，我们特别强调共读在学校教育和家庭教育之中的重要性，而阅读是培养这种情感的最简便、最有效的工具。阅读能够点亮心灯，共读则不仅能够点亮自己，还能够照亮他人。我相信，这个光芒其实也意味着我们不仅让自己闪亮起来，同时也在照耀着这个并没有那么光辉灿烂的世界。

这就是我今天想跟大家分享的，谢谢大家。

我在做个新的孩子

（2014年6月1日，北京，"新孩子"丛书新书发布会暨"新孩子"乡村阅读公益行启动仪式）

亲爱的各位老师，大家上午好！

"三人行，必有我师。"刚才这一声问候，不仅是对你们身份的认同，更想说的是，你们不仅是孩子的老师，也是我的老师。

2009年7月，我参加了新教育的年会，写了一个小长篇《我想做个新的孩子》。到今天，2014年6月，正好5年的时间，"新孩子"丛书的第一辑《新教育的一年级》终于诞生了。

其实，我最开心的是看到在晨诵及表演节目的孩子。大家可能不太清楚，刚才上来的孩子，是叫作"红月亮"的整整一个班的孩子，没有说因为今天要来见大家就把哪一个孩子淘汰出去。我看到这些孩子们，感到特别欣慰。因为我前些日子刚刚看到这个班上一位孩子的妈妈写的一封信，这封信不停地转来转去，终于转到我这里。这位妈妈说，她的孩子到了我们"红月亮"班后，她有一个特别强烈的感觉——这里的孩子，脸上总是洋溢着自信的笑。

所以，刚才我看到"红月亮"班的孩子们在台上表演，我想，比起很多排练了很长时间的节目，它并不是最完美的。可是，你们其实已经看到了，他们是那么的自如，这就是他们生命本身的状态。例如，有的孩子那样张扬，有的孩子那样羞怯，这都是和他们的生命特质密切相关的自然状态。

走进新教育的5年来，我最大的收获就是看到了这样的一群孩子，在一群更可爱的"新孩子"的带领下一天天成长着。

一、我为什么写

我为什么要写这套"新孩子"丛书？为什么会有这本《新教育的一年级》？

第一个原因，源于我自身观念的转变与知识的更新。

第一，自从加入新教育之后，我对儿童文学有了不一样的感受。

说实在的，儿童文学开始对我来说意味着什么？很简单，就是随便写写。

因为我无意之中写了一本儿童文学《嘭嘭嘭》，而且还得到了很多认可，从此就走向了儿童文学创作的道路。这是我心里一直都很纠结的。我觉得儿童文学，很多人——甚至包括在座的有些人，都认为这是"小儿科"。所以我常常都在想，我要回到"大儿科"。

一直到我走进了新教育之后，我觉得，我对儿童文学的理解不一样了。我意识到并且完全认可了一点：儿童不仅仅是年龄上的孩子，更多的是一种精神上的孩子。因此，"儿童是一种精神的存在"，正如意大利教育家蒙台梭利所说的那样："儿童正是作为一种精神上的存在而不仅仅是肉体上的存在，才给人类的发展提供了强大的原动力。也正是儿童的精神，决定了人类发展的进程，并有可能把人类引向更高级的文明。"

第二，是对积极心理学有了更多的了解。

积极心理学是发源于美国的心理学的一个最新分支。

对于积极心理学，百度百科介绍："美国心理学界正在兴起的一个新的研究领域……矛头直指向过去近一个世纪中占主导地位的消极心理学模式，逐渐形成一场积极心理学运动……来研究人类的力量和美德等积极方面的一个心理学思潮。积极心理学的研究对象是平均水平的普通人，它要求心理学家用一种更加开放的、欣赏性的眼光去看待人类的潜能、动机和能力等。"

维基百科介绍："心理学的一个最新分支，'研究能使个人和社区繁盛的力量和美德'。积极心理学家希冀'发现和培养天才和能力'，并'使正常的生活更充实'，而不仅仅是治疗精神病。"

简单地说，积极心理学是针对普通人如何绽放自己生命的光彩而进行的一种研究。因为在此之前，其实我们的心理学更多是针对那些心理不太健康的人去展开分析的。

另外，现在对于儿童文学的定义还是存在争议的。

百度百科上定义："儿童文学是专为少年儿童创作的文学作品……适合9至99岁阅读，老少均可品味。"

维基百科上定义："儿童文学是指以儿童为阅读对象的文学作品。"

结合以上这两点，我对于儿童文学有一个定义，就是儿童文学是以积极心理学为基础创作的具有儿童精神的作品。

有这样一幅画，第一个人因为缺少阅读，在他眼中只有单纯与美好，可这只是世界的表象。站在中间的人，他读了很多书，于是他看见的是一个悲观的世界，也就是现实。第三个人，因为阅读，他冲破了现实的羁绊与黑暗，迎来了无限光明与希望。我认为，他看到的才是最高境界的儿童文学作品所呈现的那个世界。

这就是我对儿童文学的定义。为了这个定义，我希望自己能够写"新孩子"这套书。

第二个原因，因为教育。

大家都知道林格伦，都知道她写的《长袜子皮皮》，可也许很多人不知道《长袜子皮皮》诞生背后的故事。《长袜子皮皮》是林格伦给自己女儿讲的故事。她在女儿10岁的时候，就把这个故事投稿给出版公司，但被当时瑞典最大的出版公司拒绝了。被拒1年之后，到了1945年，她又拿出这个稿子，稍微修改一下，参加了一个征文大赛。这一次，她被接纳了，于是故事出版了。

书出版以后，立刻就获得了轰动性的效应，并且家喻户晓。为什么会这样？其实，这跟当时的教育环境有关。

当时的瑞典，昔日的权威教育和现代自由教育思想正在激烈地交锋。什么是现代自由教育思想呢？就是在100年前，在欧洲大地上正在轰轰烈烈地上演着新教育的一场大辩论。所以，《长袜子皮皮》应时出版了，而且被瑞典的时任首相赞誉，说这个皮皮是"自由人类"的象征。所以，现在瑞典主办了一个全世界奖金最高的奖，这个奖不是诺贝尔奖，而是"林格伦奖"。

"林格伦奖"奖励的就是以这样一位女性，以她为焦点而产生的、汇聚了教育智慧，以至于影响了后来很多代人的同类作品。

到现在为止，虽然瑞典的教育和当时不一样了。但是，儿童文学是和教育结合得最为紧密的一种文学，这一点是毫无疑问的。

自从知道了这件事，我就一直在想：我是不是能够把自己的儿童文学与教育——不是现实的教育，而是高于生活的这样一种教育结合起来？我认为模仿现实创作的，哪怕文笔再精彩，也不能称之为文学。

这个的确是我对自己创作的一种期待。

其实，在这样思考之后，关于这个方面的探索，我真正的创作已经开始了。那是2010年，我用了3个月的时间写了一本2万字的书，叫作《一年级趣多多》。然后，在儿童文学领域，我就封笔了。所以，到2014年为止，我其实已经封笔好多年了。

那么，我为什么会重新来写呢？是因为一条微博。

这一条微博，是我在2011年11月24日晚上23:36发的。这条微博是这样写的："一个国家的前途，不取决于它的国库之殷实，不取决于它的城堡之坚固，也不取决于它的公共设施之华丽，而在于它的公民的文明素养，即在于人们所受的教育。"这句话是美国经济学家、思想家加尔布雷恩说的。

在那一天之前的11月23日，我主动向朱老师请缨，我说，我想做一个"亲子共读"的阅读项目。我在微博中说："绝大部分创作者都有本职工作，如今，我的本职是'新阅读研究所亲子阅读研究与推广'，合约两年。之所以将两年中本职工作的收入全部捐赠给新教育：一是因为我爱新教育；二是因为我珍惜我的'新教育义工'身份胜于一切；三是因为借经济的压力让我业余不要忘记写作，而且要写得更好。欢迎大家监督我。"

于是，我就开始了"种子计划"之后的第二个公益项目——"新教育萤火虫亲子共读"公益项目。在我参加一个国际论坛时，便将我们的"新教育萤火虫亲子共读"公益项目进行了次展示。

很多人都认为我们的"新教育萤火虫亲子共读"公益项目做得很棒。但是，我要告诉你们的是，这3年来，我用在这个项目上的精力可以说是九牛一毛。而这个却是我一直全身心想做的事情。

为什么会这样？

刚才大家看到的那么棒的新教育萤火虫公益项目不是我做的，是新教育萤火虫的义工团队做的。因为他们的名字太多，我们全国义工就有200多人，全国各个分站的分站义工加起来，更是一个庞大的数字。这是他们做的。我只是有幸成为他们中的一员，所以才能称之为"我们"。

那么，我在做什么呢？3个字——勤杂工。

种子教师计划、新父母学校、新教育项目网络培训、"新露"特殊教育阅读、新教育文库统筹出版、"同学少年"城乡共建、"新教育萤火虫亲子共读"，这些都是我正在做的项目。还有口头作文、童话学校、电影课，这些是我还没有来得及做的项目。概括来说，我就是勤杂工。

我觉得，这个就是我写《新教育的一年级》的第二个理由，其实也是最重要的一个原因，就是一个字——钱。

在做"新教育萤火虫亲子共读"公益项目之前，我没有钱，但是我从来都不缺钱。因为，一方面我有源源不断的稿费，另一方面我没什么需求，对物质的要求很低。

比如，刚才为我送花的是萤火虫北京分站站长的女儿，我记得给北京分站做公益讲座，当我要走的时候，分站的站长清香静雅问我："你的司机呢？"然后，我就沉默了。其实，从那时直到现在我不仅没有司机，更没有车，在北京也没有房，都是租房住的。更重要的是，我在这里说这些，并不是说我过得很惨，其实我过得非常好，非常幸福。因为我没有拖累，想做什么就做什么。

问题是，当我在推动这些公益项目的时候，我才发现，我的确需要钱，很需要钱，需要很多很多的钱。这样的话才能把事情不仅是做大，更是要做好。

我跟你们说，做大太容易了，因为新教育有一个无限的平台，现在全国的每个省都有挂牌的新教育实验学校。所以，我现在要做好。首先得做好，然后才有可能真正做大。但是，我没有精力。一个人不可能有精力做这么多事情。我需要有很多优秀的人加入进来。于是，我要吸引优秀的人。这些优秀的人都是又能干且不求回报的人。其次，我得加速发展，就得需要赚资金。

这就是我在2010年已经完全按照新教育的理念，把许多新教育老师都写进去而写出了《一年级趣多多》这本书之后，时隔这么多年，又写一套新教育的书的原因。

我得赚钱养我的新教育公益项目。

二、我怎么写

2002年，我用6天写完了《嘭嘭嘭》这本书。这本书是到现在为止，我卖得最好、得奖最多、最受专家和读者认可的一本书。写完这本书之后，我就捐赠了这本书的第一笔稿费。对我来说，只是捐赠了6天的时间，捐赠了一个故事。可是，它的结果是让30个失学的女孩回到了校园。

从2004年到2009年，我用了5年的时间写完了一本《影之翼》。《影之翼》现在是获奖最少、得到的认可从广度来说也是最少的一本书，但的确是我写得最好的、也是我最引以为傲的一本书。它是中国第一部以儿童的视角反思南京大屠杀的作品。我为什么骄傲呢？比如，你们知道有一个读者为你一本书写出6万多字的书评的时候，你骄傲不骄傲？有一个国家一级作曲家免费把你书里的歌词谱成曲子，由电台主持人免费录成歌的时候，你骄傲不骄傲？写完《影之翼》时，我刚刚遇见新教育。这本书的首印稿费是2万元，不算多，我决定把它捐赠给新教育，因为这笔稿费，用在新教育这里最值得。

然后，就到了2013年，也就是现在这套"新孩子"丛书的第一辑《新教育的一年级》。我一共写了12本，每本书里都有12篇故事。我可以自豪地说，这12本书，不仅仅可以称为故事，也不仅仅是具有教育的特色，它们更重要的是可以称为短篇小说，称为文学。

从2014年5月到11月，在我的新教育公益项目依然存在并且持续运转的情况之下，我完成了144篇短篇小说。

其中，7月20日，是我一生之中永远无法忘记的一个日子。因为北京新教育实验学校——也就是我们现在身处的这所学校刚刚成立，极度缺少人手，我不得不把我创办新父母研究所后聘请的专职执行所长送到这所学校担任副校长。因为她走了，所以我不仅要承担一切教育的工作，而且要协助她处理这所学校的大量事务；因为学校的工资和我发给她的工资有差距，所以我还要给她补发工资……就这样，从我的执行所长离开我的新父母研究所之后，我有两个月的时间，一个字都没有写。

我感觉这样不行。于是我又接着写了下去。

我每天早晨5:30起来就开始写，大概写到7:30，一般是完成了一篇小说。如果白天不出门或没有什么事，我会完成两篇。就这样，我完成了"新孩子"丛书中《新教育一年级》的创作。

我怎么写，其实也跟在座的各位有关系。因为我想非常骄傲地强调这一点，就是这个字——真。

这些故事，它不仅仅是故事，也不仅仅是传说之中的美好，它就发生在当下，就在当前的中国，它发生在2000多所新教育的实验学校里面。因为我给全国各地的新教育老师发了邮件，希望大家提供一些案例。

除了收集邮件，我还关注了很多新教育老师的微博。有许多年轻老师加入新教育学校之后，一边工作，一边开始了新教育历程的记录。我把多所新教育学校、多间新教育教室里面发生的故事都放在书中。

在内蒙古罕台的新教育实验小学，我曾经担任了半年的义工组长。那里虽然比较偏僻，周边环境不理想，但是，它得到了当地教育局的鼎力支持与热烈欢迎，当地教育局为它提供了最好的条件，除了优质的物质条件，还有精神上、制度上的支撑。包括朱永新老师，每一次立校日，不管他多忙，都会尽量排出时间，去参加这个学校的活动。这所学校虽然建在一个沙漠上的小镇上，但是它成为很多新教育老师心中的"麦加"，就像一个圣地一样。这里的故事我还没有写。我准备今后有机会完整地向大家讲述。

那么，说到"新孩子"丛书，自然也不能回避这样的一本书——《窗边的小豆豆》。之前有很多人都跟我提及，因为这本书是日本作家的作品，而我毕竟写过反思南京大屠杀的童书《影之翼》。其实，在《影之翼》里面有一个对人性的反思，我不赞同对日本人的仇恨，但是说到底，我对日本的心情还是比较复杂的。

因此，我也在这里跟大家简单地来讲述一下，《新教育的一年级》和《窗边的小豆豆》的不同：前者是短篇小说，后者堪称是叙事散文；前者是系统的课程，后者是童年的回忆；前者是可以操作的，后者是仅供阅读的。

所以，我要告诉大家的是：在这本书里记录的那位小林宗作先生，他生于1894年，去世于1963年。其实，就在他生活的同一年代，中国的陶行知、梁漱溟、叶圣陶等人，都在中国的土地上开展着自己的教育实验，也产生过类似于《窗边的小豆豆》这样的教育故事。只是，从来没有一个人，尤其是像《窗边的小豆豆》的作者那样以一个著名影视界人士的身份来宣传作品，从而得到世界的认可。所以，中国的教育、中国以前的教育故事才这样被埋没了。

今天，如果说我比《窗边的小豆豆》写得差，那绝对是我的责任。但是，如果我写得比它好，那并不是我的骄傲。这也是我特别想跟大家分享的一句话，而且我是真心地认可这句话，这是朱永新老师说的，记录在他的《朱永新教育小语》这本书之中："教育的超越是必然的，现在的人看前人，总能发现许多问题，前人并不因此变得愚蠢和渺小，我们更不应该为发现前人的问题而自以为伟大和聪明，最好的境界是拥有一颗虔诚的心去发现前人的问题。"

我就是抱着这种心情来学习教育的。当然，同样地来学习文学及重新定义我心目中的儿童文学，并以此来写作。

三、我的感谢

我走到今天，更应该感谢的人包括诸位。

《教师博览》杂志第6期的封底曾免费给我们刊登了一则"新孩子乡村阅读公益行"的广告。在之前，大家跟我说，你多说一说这个书的事情。朱老师也跟我讲，你要想一想，书要怎样使用才好。

我觉得这个书，其实它"出生"的时候就已经不属于我了，怎样使用已经属于读者。但是，我特别想借这个机会感谢一路走来的这些人。

比如，在座的却咏梅老师。她在2013年3月还对我说："你做阅读推广，做到现在，劲儿越做越大，还真是不容易。"因为她是一路看着我这样走来的。

当然，我更要感谢薛晓哲老师，他一直陪伴我走到了今天。我从最初演讲时会脸红，到现在面对大家表现自然，离不开他的鼓励。

当然，还有华严集团的副董事长金维红老师。华严集团每年都为新教育捐赠100万元，什么条件都没有。我讲到的"种子计划"也是华严集团支持的项目之一。

当然，还有《教师博览》的方心田老师。他听我说想做一个乡村阅读的公益计划，他不是说"我来帮助你"，他说："哎呀，你知不知道，我其实很早就想做这样一件事情了！"就是这样的心有灵犀，我们一起合作，一起碰撞和交流。

当然，我更要讲讲21世纪出版社的张秋林老师。我自己想做一个公益行，便征求朱老师的意见。我说："你觉得张社长会不会给我们学校捐赠一些书？"因为，我想做的这个项目并不是到学校一讲了之。我身后有一个强大的团队，我们希望能够跟踪3年，然后进行深度的沟通和交流，一起把阅读扎实地推进，让孩子真正读好书。

于是，在向出版社寻求支持时，我准备了两个方案。朱老师说第一个方案就是希望他们支持你，提供路费；第二个方案，如果有可能的话，也就是"狮子大开口"的方案，就是能够再支持一些书。没想到的是，张社长没等我多说，直接同意了，而且还是为每所学校都捐赠10万码洋、价值1000万元的书。

我不知道朱老师当时是怎么想的，我真是非常高兴。说句实在话，这1000万元的赠书，比给我1000万元重要得多！因为它说明一个人完全信任你，而且我深深地知道，受到信任的不仅仅是我，是因为这个人，甚至一些人，知道新教育这些年在阅读推广上走过了14年的历程，而且我们有这样一个全国的萤火虫公益项目，有这么多的义工在支持。

这样一路走来，我无比开心，因为遇到这样美好的人，遇到这样幸福的事情实在是太多了！

所以，我也要特别感谢这样的几个人。

一个是张勇老师，这是他在2014年5月3日说的："确实，从去年开始，我才觉得你与我是同路人了。"其他新教育的老师在处事待人方面给了我莫大的帮助和良多的教诲，张勇老师在精神境界提升方面给了我令人难以置信的帮助。因为，我之所以来做新教育，完全是因为我觉得这件事太美好、太有意义了，可是当我遇到很多困难，想打退堂鼓的时候，我没想到世界上会有一个人——张勇老师在默默支持我。他从历史、国家、民族、世界、体制等角度，都能给我一个幸福的答案。每次我想退缩的时候，他就会告诉我，印证、汇聚成一句话："这就是一件伟大的事情，你在这里做什么都是值得的，也是应该的。"所以，这个也是我今天还能够站在这里的原因。

另一个是李西西老师，他对我说的这句话非常动人——就在2014年5月13日，他说："你不仅编故事，还坚信编的故事可以开花结果，在尘世定居。"这也正是我想的。

最亲爱的老师们，你们知道最重要的是什么吗？

我在这里津津有味地分享我的故事，并不是说你看我有多了不起、只有我才能够怎么样。

2013年8月22日，我发了一条微博："学校应该是城市里的庙宇，只是其中高高供奉的绝不是神灵，而是自己。期待自己，发现自己，相信自己，挑战自己，成为自己。"

这个"自己"是谁？绝对不仅仅是我，也包括在座的每一个人，无论是大人，还是孩子。

因此，我才在"新孩子"丛书里面特别地强调：其实，我们每一个人都可以做一个"新孩子"，因为，我们每一个人都是明天的孩子，今天就是我们人生之中最年轻的一天。

而且，从我的亲身经历来说，无论我的家庭、我的父母、我受的教育等，这一切都再次确切无疑地证明：我只是一个非常普通的人。我能够站在这里，能够讲自己的故事，我相信，在你的人生舞台上，在你的生命世界里，你也一定会有这样的一个场地，供你来讲自己的故事。

而这一切需要怎样发生呢？

首先需要期待。你期待自己成为怎样的人，你就一定能够从此发现自己生命中的潜力。其次你要相信自己，不断地挑战。最后你才能成为一个成功得令自己都难以置信的人。

这也是新教育常说的"无限相信师生的潜力"，而这也是我想跟大家分享的，我认为，人生就是——并且它就应该是一种幸福完整的教育生活！

谢谢大家！

共读共行新孩子

(2014年9月2日—2015年5月20日,中国大陆100所乡村学校,"新孩子"乡村阅读公益行全国巡讲)

亲爱的父老乡亲们、父母老师朋友们:

大家好!

我知道,在我们这所学校里,一年级的同学正在共读一本书,就是后面的这两块宣传牌上喷绘的"新孩子"丛书之《新教育的一年级》。

但是,这次活动,绝大多数的学校连"新教育"是什么都不知道,更没有读过这套"新孩子"丛书。就算你们中的一部分人读了这套书,也不知道这套书和这个活动有什么关系。

所以,在讲座之前,我要跟你们说几句闲话,就是"新孩子"阅读公益行,正是因为"新孩子"丛书而诞生的。因为我以新教育的真实优秀教育案例,写了这一套"新孩子"丛书,然后我就找到出版这套书的21世纪出版社:我想去100所乡村学校,去给大家做免费讲座,不知道出版社能不能给我一些支持?

结果,21世纪出版社的张秋林社长回复了我的申请,表示不仅支持我"新孩子"乡村阅读公益行的全部差旅费,而且主动提出为每个乡村学校都捐赠10万码洋的图书。

这样的一件事情，对于很多人来说，可能会觉得很不可思议，就连朱永新老师事先肯定也没想到。但是，在行动之后，不可思议的事就这样轻易地实现了。所以，你们看看，行动有多么重要，是不言而喻的。我希望我接下去所讲的，就能够促成大家的行动。

现在，我就要来跟大家分享一个真正的关于教育的故事。

这个教育的故事是在100多年前发生的。有一个印度小孩，他一出生就很不幸地被一群狼叼走了，于是他就跟着一群狼生活，长到了8岁才被人们发现，接了回来。也就是说他8岁之前都是被一群狼抚养的。

最后导致的结果是什么？许多人，包括一些优秀的教育家，都想为这个孩子做点什么。当然，首先是要让他好好学习。大家苦心孤诣地教他，教他的结果是什么？从8岁开始，4年里他学了多少呢？他学了6个单词。接下去，继续教他，这个孩子很不幸，在17岁的时候就去世了，一直到17岁他学了多少？他学了50个单词。直到他去世，他的智力水平只相当于2~3岁正常人的智力水平。

所以，这样一个故事给我们揭示了一个特别关键的问题，那就是孩子教育的关键期特别重要。

中国人是很有智慧的，我们老祖宗说"3岁看小，7岁看老"。近现代科学越来越发达，一直在研究，结果证明一个人的成长有3个关键期。

这三个关键期是2岁到3岁之间、6岁到7岁之间及11岁到12岁。所以，亲爱的父母朋友，你的孩子在小学阶段不仅仅是打下一生的基础，可以说已经决定了孩子今后会是什么样子，因为3个关键期统统在小学毕业之前。

这也是我这一次"新孩子"公益行基本上都选择小学作为讲座地点的原因，我希望大家抓住这个关键期，做正确的事情，这样就会事半功倍。如果错过了这个关键期，可能一辈子就错过了，花多少精力都很难弥补，甚至有可能一辈子都无法弥补。

那么在这个关键期里我们要做什么呢？我们面临的问题实在是太多了。

比如，考试成绩，孩子在同样的学校，同样的教室里上课，为什么别的孩子考试成绩好，我家的孩子考试成绩不好？

再比如，越是负责的学校，越是会强调家庭教育的重要性。可是父母都要谋生，去赚钱，才能够让一家人活下去。大多数父母都没有受过专门的家庭教育指导，没有教育方法的知识和背景，我们怎么做家庭教育？有没有一种办法能够轻松又很有效果地实现我们的家庭教育？

与此同时，我们每个家庭只有一两个孩子。这样的孩子，在一所学校里对一个校长来说，他是几百分之一、几千分之一，对于一个老师来说他是几十分之一，但是对于父母而言，孩子就是百分之百。你现在过得再幸福，如果孩子教育失败了，他过得不幸福，你的人生最后会有巨大的遗憾。

社会竞争这么激烈，我们都很普通，我们都是普通的老百姓。不管大家从事的是什么职业，我们其实就是一个普通人。

在这样的状况之下，有没有什么办法能够做好教育，教育好一个孩子？我想，这是所有家长都特别关心的吧！

我就是带着这些年我研究的成果，以及新教育2000多所学校200多万师生已经实践过、已经在中国大地上检验过、得出过结论的一些教育成果，来跟大家分享。

我要分享的是如何让我们的孩子：第一，考一所好学校；第二，有一份好工作；第三，有一个好的人生。

我们真正应该做的是什么？我要给大家说的这件事就叫作阅读。

这个阅读不是我们老祖宗说的那种拿着四书五经诵读的阅读，而是经由许多发达国家研究之后，传到我们中国来的一些阅读方法。特别针对现在这个时代，针对我们当下孩子的学习的一种有效办法。当然，我结合我们现在的教育状况，也进行了一些改良。

阅读可以提高孩子集中注意力的能力。每个爱读书的孩子，不管他平时是爱动还是爱静，一旦他静下来，集中注意力的时间都会更长，更热爱思考。所以，我接着就要来推荐阅读的理念和技巧，这个可能是大家最关注的。

阅读的理念是什么？

首先，布置环境很重要。你把家里的阅读环境布置好了，就完成了60%~70%的工作。

家里的环境怎么布置呢？

以我的亲身经历来说，我小时候家里没有电视，所以我脱离了电视的"围剿"。

其次，我家里有书可读。应该说是我身边有书读，因为我爸我妈在供销社收购组上班。我没有读幼儿园，没有小朋友一起玩，于是有大量的时间待在供销社收购组。那里收购了许多被人家淘汰的旧书,我就在那里学会读书并爱上了阅读。

那么,你的家里要怎么样布置阅读的环境呢?

第一,要给孩子阅读的时间。我告诉你们一个非常管用、一用就灵的办法,就是3个字——假晚睡。也就是说,你的孩子上学之后,你规定他每天晚上9:00必须要睡觉。那么你就先对他说,你每天晚上必须8:30睡觉,但是如果你要是读书的话,你自己来读这本书,你可以推迟半小时,9:00睡觉。我可以保证,这个办法对所有的孩子,尤其是一年级到三年级的孩子非常管用。你一说,他自然地就会对你说"好,我愿意晚半小时睡觉",这是给他阅读的时间。

第二,要给他一个书架。这对于你管理他读书有非常多的好处。比如,你可以一目了然地看见他到底喜欢读哪些书。因为那些书他一定会经常翻的,你可以根据他的喜好做些调整。譬如,你觉得他文学书读得多了,还要多买一点科普书,这样让他搭配起来读。更重要的是要让你的孩子自己喜欢读书,因为每个孩子在这个年龄段,既依赖你,又想独立。你让他感觉到这是他的小书架,他就会对这个东西产生特别的感情,就会更加乐于去读书。

这就是我提供给大家的两个办法,一个时间,一个空间。时间就是要假晚睡,保证每天读书半小时;空间就是要给他一个单独的小书架。

我把主要观点编成了一首顺口溜,和大家复习一下今天讲座的内容:

> 书是粮食不是药,
> 布置环境有诀窍,
> 儿童阅读要阶梯,
> 牵手爬山快又高,
> 读后思考才有效,
> 情感能够燃思考。
> 共读共行新孩子,
> 相信阅读幸福到。

在走到你们面前以前,我已经走过很多这样的地方,我也得到过很多这样幸福的故事。

我今天讲座的主题是"共读共行新孩子"。我们这所学校是我们从全国选出来的100所乡村学校之一。为什么会选这里?因为在中国有这样的一所重视阅读的学校,有这样的一群教师在全力地推动阅读,有这样的一个地方让孩子能够从一开始就打下坚实的人生基础,这样的学校其实不多。我很幸运,能够跟这样的学校相遇,跟这样的一群教育人相遇。

2009年,美国做过一项调查,调查了27个国家的7万多个家庭的藏书情况,最后得出一个结论:中国家庭藏书在500册以上的孩子,接受教育的时间比没有这个条件的平均多出6.6年。有的事情,我们父母应该为孩子做,应该让孩子跟着我们一起去飞,给孩子送去一点光亮,然后为他赢得一个幸福的人生。

怎样才能感受到幸福？阅读能够让孩子变得聪明，成功阅读是孩子的立身之本，因为所有的学历都只是敲门砖。爱读书的孩子自然也是一个心理强大的孩子，也就能把握住自己的人生，会感到幸福。

希望我们一起共读共行，让我们一起培育一个"新孩子"，让我们一起筑造一个新家庭，让我们一起建设一所新学校，让我们一起创造一个新的美好未来！

谢谢大家！

我们在精心培育利人主义者

(2016年2月3日,河北"第一届全国IAP精英人才成长计划"宣言)

亲爱的同学们、亲爱的朋友们:

比赛是一种人与人之间的竞争,也是一种淘汰。似乎所有的比赛,都是为了和他人比较。

可是,IAP中小学生综合竞赛却是和自己竞争,是通过挑战自我,然后,以一张独一无二的成绩报告单,科学客观地评价自我、分析自我,由此重新发现自我、重组自我,继续努力,是一种自我建构、自主成长。

可能正是因为这种独特性,IAP竞赛成为中国教育学会唯一主办、如今教育系统内唯一被认可的比赛。

由此,我们也在此隆重推出精英人才成长计划。我们希望,通过精英人才成长计划,努力培养、努力成长为一种完整意义上的人。

一个完整意义上的人,应该是一个圆,一个同心圆。圆心,是个人,外圈是家庭、学校、国家、民族、人类,最终是天地——宇宙。

缺少圆心,就缺少了个体,缺少了真实,会让人空;缺少外圈,就缺少了广大,缺少了视野,会让人小。

一个人的内心，能够真正与哪个外圈合而为一，这个人就会有相应强大的精神力量。

我们努力在"精致的利己主义者"成为一个时代的疾病之时，能够通过精英人才成长计划，精心培养出"利人主义者"。利人主义者，就是对自己有利，同时对他人也有利的人。既利人也利己。既有个体之真实，也有外圈之广大。

我们相信，这样的利人主义者就是精英，就是一个完整的人，是一个大写的人、一个真正的人、一个幸福的人。

如果用8个字来定义利人主义者，那就是——点亮自己，照亮他人。

所以，此时此刻已经取得的各种奖项，不是结束，而是开始。不是一次竞争已经有了结果，而是成长开始新的旅途，是我们通过这一张与众不同的成绩报告单，再一次发现自己的优势与不足，向着明天迈开新的一步。

亲爱的朋友们，让我们就这样一步一步地，一起走下去吧！在行走中，不断提炼生命的精华；在挑战中，成为战胜自我的英雄。这就是致力于培养利人主义者的精英人才成长计划。让我们一起努力！

"听读绘说"活用绘本

（2017年1月3日，北京"2017年中国绘本行业年会"）

诸位亲爱的朋友：

我在这里抛砖引玉。

不管是在绘本馆，在教室，还是在家庭，对于我们来说，阅读只有唯一的指向，那就是读者，也就是我们今天在这里说的孩子。

所以，不管是家庭里面父母培养孩子，还是绘本馆的经营者希望留住更多的客人，我们都看到了很多办法，我认为最简单的，也最有用的一个办法，就是用好你的嘴。

一、选择绘本的原则

今天围绕着这样的话题，我先从原则说起。

如何让同样的绘本在我们的工作中呈现出不同的魅力？那么，有这样几个选择绘本的原则：

第一，绘本的选择需要符合儿童的身心发展阶段。

这一点非常容易理解，每个年龄段都有着自己适宜的阅读内容。

第二，绘本的选择需要符合孩子的性格特点。

这一点在小班，尤其是在小组的教学之中特别需要注意。那么，我们读书的一个特点，自然就是从图画到文字，文字的数量从少到多。

第三，绘本的选择需要符合生活中情境的变化。

近几年以来，涌现出很多原创的图画书。这样的绘本会在生活中给我们留下深刻的印象。比如，这些绘本可以符合我们学校的学习规律，也就是说，开学的时候，学期结束的时候，放假的时候，你为孩子选择的绘本应该是不同的，并且能够跟孩子的教学进度紧密结合起来。

二、听读绘说，活用绘本的方法

有了这样的选择之后，我就特别推荐我们这些年来研发的一个项目——听读绘说项目。

用4步就能够把一本图画书切入生活之中，让孩子真正和图书里的美好事物融为一体。

我先来解释一下，然后，再举两个例子跟大家分享。

第一步是"听"，就是指听故事。"听"，一定是你和孩子的共读，不是你仅仅给孩子讲了，让孩子听见了就可以。

第二步是"读"。"读"指的是孩子在你讲完之后，他独立阅读的过程。美国孩子独立自主阅读的平均年龄是4岁，而中国孩子独立自主阅读的平均年龄是8岁。这个差距有望在大家的努力之下，进一步缩小。

第三步是"绘"。这个"绘"请注意，它有一个专业名词叫作"涂鸦"。也就是说，这个"绘"和我们平时去上一般的美术班、美术课不一样。这里的"涂鸦"应该是这个孩子自觉地、主动地表达情感，而不是一个纯粹的美术呈现技巧的问题。

我们通过"绘"，借助色彩线条，去了解孩子心灵的感受。所以，"绘"这一点并不在于孩子画得有多好，而是孩子要画得有多真。同时，教师、父母的注意力的强弱，能够对孩子有多深的把握，拥有技能多少的程度，都将影响我们是否可以走进孩子的心灵。

第四步是"说"。与其说是"说"，不如说是一个创作的过程。

"说"，更准确的说法是语言描述。我们现在正在研究另外一个项目，叫作"童喜喜说写课程"。

"说"可以让学生，让绘本馆里的会员，毫不费力地从读到写之间搭起一座坚实的桥梁。"说"的同时，如果父母和老师能够非常勤快，能够帮助孩子记录、整理下来，这对孩子的激励将是无与伦比的。

这4步我们强调以孩子为学习主体。

因此，"听读绘说"这样一种新型的学习和教学的方式，应该遵循这个评价原则——所有参与的孩子得到展示的机会本身就是最好的奖励。请注意，绝对不要把读了、说了，跟你去吃麦当劳，跟你去买一个玩具联系在一起。

他如何说的本身，你给他呈现的本身，应该有更好的奖励。

同时，你应该有倾向性地来表扬优秀的作品，更好的办法是表扬一些带有倾向的作品。比如说，童喜喜今天一来，孩子心情非常好，于是，孩子的着装色彩非常艳丽。这个时候，你可以表扬她：你非常完美地表达出了你今天的心情。我们要抓住这些细节，当然这些细节需要一定的具体的训练。

它从情感开始，让孩子一开始就特别喜欢这样的故事，然后到思维训练，也就是感性和理性的结合，以这样的方式，我们在整个过程之中，其实不只是图画书的阅读，比如说诗歌、故事到生活，我们都可以从这样的角度来切入，也不仅仅是"说写"的表达，从绘画语言到口头语言，再到最后文字的语言，这是一系列的自然而然的过程。

通过4步走，从听到读，到绘，到说，我们可以让孩子成为阅读的主体，让大人（不管是绘本馆的管理者，还是家庭中的父母）成为推动者，而不是一定要从头开始去不断付出，投入巨大精力的一个设计者。

郭明晓老师是我们"新教育种子计划"公益项目的首席专家、首席培训师，她在教室里常做这样一些事情，复述续编绘本故事。《好饿好饿的毛毛虫》大家都知道，他们将其作为一个课程的第一本绘本来读。读了之后，孩子们创作自己的作品，不仅仅是创作作品，从图画到文字，每个孩子都有自己的表述方式，就是说每个孩子从一开始心理上就不一样了。比如说，孩子在舞蹈的时候，可能他把自己当成是蚜虫和清洁蚜虫的牙刷卫士。但是，在这样的绘本阅读过程之中，他自己本身就应该是一个不断成长的生命。

当这样的生命引申开来的时候，请注意，在《好饿好饿的毛毛虫》里，那个毛毛虫变成了蝴蝶，所以对于一个孩子来说引申开来就意味着：那么你今后想变成什么呢？孩子都在这个故事之中，把自己隐身了，想当老师，想当画家，想当音乐家，想当工程师……并且画了不同的侧面。以这样的方式，让图画书不断地激发孩子的兴趣。

比如说，《亲爱的小鱼》，这是另一个老师讲的一个故事，然后他说："请你想一想，再画一画，然后跟大家分享吧！"

结果绝大多数孩子都只是进行了故事的再现，也就是说，把听到的这个故事描述了一遍。

其实，这样子对于一般的孩子来说已经不错了，可是我们的努力方向当然是让孩子的原创力被充分激发出来。

这就是因为教师自身的专业技能不足。这个专业不是指有高学历，而是有一个词跟大家分享一下，这个词叫作"角色自居"。

说起来挺拗口，但我一解释，你就会觉得特别简单，"角色自居"就是在这个故事里面，这个孩子是哪个角色？是哪个角色，你在讲述的时候，你就应该盯着他的眼睛。

比如你问孩子："在《亲爱的小鱼》里面，你是小鱼，还是小猫？"如果孩子说自己是小鱼，那么你在讲第一遍故事的时候，这个故事是小猫和小鱼的故事。到第二遍的时候，就是小猫和孩子的故事，到了有关于小鱼的地方，你就要说："哎呀，亲爱的小鱼……"你要盯着孩子的眼睛讲，也就是把孩子完全当成故事里的那条小鱼。甚至可以这样，比如说我童喜喜正在听你讲《亲爱的小鱼》，你讲到小鱼的时候，你就跟我说："亲爱的童喜喜啊，你喜欢这只小猫吗？"

以这样的方式来讲故事，那么，说者、听者都有身临其境之感，情景交融。在孩子的心目之中，这个故事将不再是故事，而是他生命之中的一部分。因为这个故事就等于是为他而存在的。

所以说，"角色自居"其实是非常简单的一个方法，也就是教师在学科专业、自身修为方面，稍微有点科学的呈现，对于表现的内容与目的，设置教学目标得当，分析孩子作品是否达标，稍微有一点点这样子的探讨思考，那么将会导致截然不同的效果。

还有《猜猜我有多爱你》这本书，在我们解读的时候，其实这个故事可以成为3个故事，甚至它可以成为无穷的故事。

比如，它可以是浓浓的亲情，这就是我们通常的解读方法；它也可以引申出丰富的知识，我们到月亮究竟有多远呢？它同时还可以成为一个哲理故事，那就是有些事是无穷的，比如我对你的爱。以这样的方式，实现更专业更宽广的解读。

当你跟孩子交流的时候，一个故事就不再仅仅是一个故事，而是一个完整的世界。这样一个完整的世界，我们可以营造这种氛围。

另外，让孩子去体会角色自居，他就能够体会自己在其中是在怎样成长。

而这个时候你作为老师，作为引导者，要有一定的方案。

因为，我们毕竟不是一个有着无穷的知识背景，读了无数的图画书，然后还有很深的哲学思想的人。如何进行引导，这样的一个方案怎么进行呢？

其实有很简单的办法，就是回报。这个回报其实指的就是孩子会行动，他会把在你这儿学的付诸行动，就是落实到他的生活之中。你就会发现孩子在读了同样多的绘本的前提下，用角色自居的方法进行阅读的孩子成长会快得多。

我再来讲一讲预设方案怎么做。

我们在预设之中有这么几个关键词——裹挟、激励、榜样、赞美、等待。

这几个词都很简单,不用更多解释。它的效用,我要说明一下。

"裹挟"就是必须、不由分说地,包括所有的孩子,一个"们"字就可以把所有的孩子都装进这个故事里来。

"激励"需要注意一点,那就是所有书中,英雄的角色一定是孩子。坏角色可以是你。

"榜样",指的是在读的过程之中,你不要太累,让那个读得很优秀的孩子帮你来演,来读,这就是榜样。

"赞美",就是指你欣赏他,从正面去积极发现他、肯定他。

"等待",就是指哪怕是赞美他的时候,也不要忘记等待。有的孩子就是启而不发,他一直在那儿懵懵懂懂地看着你,你一定要等待他,你要么不点他回答问题,要么请他回答问题的时候,一定要等着他把话说完。尤其是绘本馆,因为你等待这样一个慢的孩子不意味着他不聪明,也许一个耐心的等待,你会让他的生命有了一次、两次的改变……最终有一个完全不同的改变。这个绘本馆就有了口耳相传的故事。

绘本馆不会因为有几千种绘本而被大家认可,真正被大家认可的是,这个绘本馆培养出来一个特别不一样的孩子。这样一个故事在当地流传,那么它就将成为这个绘本馆的生命。

《我妈妈》是一个耳熟能详的故事。它其实非常简单,当你用"角色自居"的方法去读的时候,你就会发现,这个故事变得不一样了,能够融入生活之中了。也只有融入孩子的生活、生命之中,这样的故事才有价值，才有意义。

这样的故事我们可以怎样读呢？

比如，利用环衬猜故事，让孩子先读。也就是说，孩子应该超越作者。作者写的故事当然好，但是那是已经存在的了。孩子之所以了不起，那是因为孩子的生命充满了无穷的未知。利用环衬、封底讲故事，然后用自己的语言描述画面的方式讲故事。你可以先用自己的语言描述，你也可以让孩子用自己的语言描述。有的时候，我们可以把绘本中的字给抹掉，让孩子们先来看，先来想，先来讲。一定要做到最后一点，联系自己的妈妈讲故事。怎样联系妈妈？先说这个猜测，这样的猜测激发的是兴趣，孩子们不会以为这是一本一定要我读的书，而是一个很有意思的游戏。

然后，用语言潜移默化地影响：这就是我妈妈，她有一头波浪式的头发，穿着一件象征着春天和充满爱心的睡衣。她的眼睛圆得发亮。她的笑容好甜好甜，哎呀，她这甜甜的笑容让我觉得好温暖啊，好甜蜜哦，让我觉得好幸福哦！我妈妈，她真的很棒！

你的感情在哪里？你在给孩子讲故事的时候，你应该想的是你的妈妈。你的妈妈留给你的最美好的那一刻，你应该用声音带着孩子走进这个故事。你的声音就是一种情境，那个感情唤醒了孩子的时候，他的心灵自然而然地就被震撼了。

然后你要怎么样？你要提问。你不能想到这儿，却没有提问。提问就是把孩子带进故事里，裹挟进故事里：你的妈妈都给你做过什么好吃的？你的妈妈还会做什么有趣的事情？你想怎么问就怎么问。

之后，要停顿。你一定要懂得放手，你说的话应该比孩子说得少。因为你不可能把全世界告诉孩子，可是，你可以把全世界指给孩子。"这是什么意思？""你是怎么想的？"噢！你让孩子有了疑惑，他来提问，他来想的时候，就意味着孩子已经和书成为一体，所以在这样的状况之下，孩子在创作自己的作品——《我的妈妈》时，便有了更多的情感与体验在里面。

而我们则可以帮助孩子将故事记录下来，这样的一些孩子，在起步的阶段，就会呈现出跟其他孩子绝对不一样的特质。

然后，你还可以根据孩子的问题补白。你在讲故事之中去教他解决问题的方法。你不教他怎么做，你让他假装是自己想，但是其实故事里有。

比如说，这本《鼠小弟荡秋千》：一天，小鸟在荡着秋千；然后，来了一头大象，它觉得很好玩，就在旁边看；一匹马跑来了，也在旁边看；一头狮子跑来了，还是在旁边看；一只海狮和一头猪，它们都在旁边看着。这时，鼠小弟来了，和小鸟一起荡起了秋千。老猫跑来了，老猫把小鸟和鼠小弟赶走了，自己荡起了秋千。荡来荡去，老猫忽然发现自己被带到了半空中！出了这样的事情，老猫知道自己错了，忙喊"救命"。就这样，这个故事就结束了。

一个故事，就是一个故事而已。它能够让孩子发生怎样的改变呢？

比如，有这样一个孩子，他从故事中感受到的是和自己有关的一个团结友爱的故事。他是小鸟，对方呢，是大象啊、海狮啊，他们在一起，很开心。然后这个孩子就感慨地说：在生活之中我坚决不当老猫。

因为这个孩子是一个比较壮的孩子,相当于孩子堆里的"壮汉"。所以,这个故事对他便有所触动。

我要告诉你们,刚才说的你怎样把这种图画书给"活"着读出来?你们看,《妈妈的爱》——这是一首儿童诗,它跟绘本本来是没有关系的。然后,我们这儿有一本《逃家小兔》,也是一本耳熟能详的绘本。我们就把这两个内容组合到了一起,用诗歌的语言来给孩子画龙点睛地进行整合。我们是怎么讲述的呢?

《逃家小兔》是这样来说的——

"如果你来追我,我就变成溪里的小鳟鱼,游得远远的。"

"如果你变成溪里的小鳟鱼,我就变成捕鱼的人去抓你。"

"水,没有母亲的爱长。"

这就是诗。这就是前面的很多儿童诗里提到的,其实这些作品都是相通的。

"如果你变成捕鱼的人,我就变成高山上的大石头,让你抓不到我。"

"如果你变成高山上的大石头,我就变成爬山的人,爬到高山上去找你。"

"山,没有母亲的爱高。"

这样的一些简单的诗句,你把它拿过来,就可以节约你的精力,以至于到了最后,孩子们还可以根据这样的一些提示,自己再继续编下去。

你们看!这是最后孩子们自己说的——

"春风,没有母亲的爱温柔。"

"森林，没有母亲的爱丰厚。"

"大山，没有母亲的爱高远。"

你能想象孩子会有这样的语言吗？其实只需要一些很小的技巧，就能够让他们在阅读中表达出来。如果孩子慢一点，那么也可以写下来。这样的一点点技巧，就可以把我们对母亲、对生活的赞美，以及我们对孩子成长的呵护，完全融入孩子生命之中。孩子所能创造的，往往会超出我们的想象。事实上，每个孩子都有赞美母亲的诗，只是看你用怎样的方式，看你用怎样的办法和技巧让孩子表达出来。因为，我觉得中国人其实都不缺少爱，只是缺少表达爱的方法。

所以，看画面，听老师讲故事；看画面和文字，自己讲故事；看词语，想画面，自己讲故事；看画面，自己讲故事……这些都是非常简单的方法，但是你用了就有效。而且你用了之后，读一本绘本会远远超出数本的效果。孩子们会在过程之中不断地创造。

这样自编故事，其实就是模仿创作故事，我们可以用刚才说的提供词语的方法来引导孩子。

比如，绘本《我爸爸》里边有很多的词语，你可以根据这些词语来讲一讲这个故事。孩子看到这个词语的时候，其实就是不知不觉地把这些好词又重复地、精确地读了一遍，同时，也激发他的想象。因为，绘本里面强壮的样子是一个模样，可是在孩子的想象里，强壮的爸爸也许是其他样子。将文字和图画结合起来，这样读图画书，对孩子做思维训练就叫作精确训练。

其实，我们应试教育里面常常有把一个词抄100遍之类的做法。

抄100遍，孩子是很难受的，可是我们大人又不得不让孩子反复进行训练，因为人还是需要训练的，毕竟"玉不琢，不成器。"但要讲究琢磨的办法，不能因为要琢磨他，而变成折磨他。我们用这样精准训练的方法，自然而然地就达成了反复训练的目标。

传统的节日课程，有那么多的图画书。结合孩子的生活，到了端午节的时候，孩子制作了香包，再来读一读关于端午的图画书；孩子看了赛龙舟，就来画一画赛龙舟，然后来讲一讲里面的故事——自己如何赛龙舟，如何包粽子，吃粽子……亲身经历的各种活动都可以结合我们的绘本，成为灵动的故事，实现我们预设的目标。

这样一个目标的完成，至少给你的家庭教育带来举一反三的效果。我个人在实践中认为，这一工作是可以以一抵十的。

所以，我刚才讲述的这一过程，请注意，流程是规范的，方法是万千的。我们一切都要以孩子的具体情况为准，不断地摸索，稍微地创新，就把孩子生命的长度、宽度、高度进行了拓展，你的故事就会在身边流传，你的价值感、意义感就会不断增强，你就会越干越有劲儿。

在这个过程中，大家一定要注意，阅读必然经历3个阶段。

在推动阅读的过程中，我希望大家明晓一点：低年龄段的读者重视的是趣味，但是有一些孩子一辈子都走不到理解的更高阶段。这也是课外阅读好，但是课内成绩差的原因。

中阶段的海量阅读法现在在山东一带非常流行。但是要注意，这仅仅是其中的第二阶段。

还应该有高级的阶段，注重的是质量。质量就是少而透，少而透是什么呢？这也是我和伙伴们正在研发的课程，努力地让更多的孩子完整地走进这3个阅读阶段。

在孩子的任何年龄段，我们都要努力地让孩子进入这3个阶段，这就是教育方法得当和不得当的区别。

同样的绘本，活学活用能够收获不一样的成效。

中国儿童精神

（2017年4月，湖南长沙"中国家庭文化节"）

亲爱的各位老师们：

大家下午好！

非常荣幸今天能够有机会跟大家做分享。我曾是一个专职的作家，5年前懵懵懂懂地跨界闯进了教育领域。在这样的一个过程中，从文学和教育两个维度对于家庭教育，对于父母，对于孩子有了一些粗浅的思考。我今天分享的主题是中国儿童精神。

哲学家怀特海曾经说过，人的智力发展经历着浪漫、精确、综合3个阶段。那么，不同的时代其实对于教育以及家庭教育有着不同的要求，因为不同的时代需要的是不同的人。所以，我把它总结为从农耕时代的浪漫，农耕时代天人合一，到工业时代的精确，各个行业需要专精深的知识，到今天的信息时代。我们发现，知识突然不太值钱了，更多的是你如何组合知识，如何运用知识，所以我称之为信息时代的综合。那么，这样一个演变的过程，我个人感觉在当下特别强调的是一个整体化的思考、个体化的行动。也就是说，人是一个完整的人。

我们的教育不管是家庭教育、社会教育，还是学校教育，其实综合起来就是完整教育。所以，我在这儿做了两个不等式，一个说的是家庭教育加学校教育，等于我们最希望的，能够让人们学会自我教育，能够忘记家庭，忘记学校，明确一生应该不停地自我教育才能愉悦、美好地生活下去。

在这样的前提下，人生就是幸福完整的教育生活，而家庭应是幸福完整的教育场所。

家庭这个词，社会上正在热议着。比如说，现在网络上有一个影响力非常大的讨论小组，叫作"父母皆祸害"。比如说，现在很多人都特别认同一种观念，叫作原生家庭的创伤。所谓的，我们都是在原生家庭里面长大的，我们的童年都曾经受过创伤。所以，如果我对我的伴侣有些不妥的行为，是因为受过创伤的缘故；我对我的孩子有些不妥之处，也是因为受过创伤造成的。

但是，哪个人的童年是完美无缺的呢？如果让我比喻的话，我想说，家叫池塘，你是莲花。一朵莲花是怎样绽开的呢？大家都知道它绽开于淤泥之上，钻出水面亭亭立于阳光下。所以有句话，父母决定孩子的命运。其实作为父母，他如何教孩子，也就基本上决定了这个孩子将来会度过怎样的人生。而对于家庭环境，我们用不着去感慨社会有多少弊端，你看一看在你的家里，你处事公平吗？你会让孩子在家里维权吗？你处事的不公平，统统都会在你的孩子身上体现出来。

所以，在今天跟大家分享中国儿童精神之前，我希望大家思考一个问题，你知道儿童指的是多少岁的人吗？有人说12岁，有人说18岁。其实这个问题我以前也不太清楚，所以，我要分享一个答案，那就是中国的儿童和世界的儿童是不太一样的。

世界的儿童，或者说国际的通行概念，儿童被定义的年龄是0岁到18岁，其实就是指未成年人。在中国，我们会把儿童界定的年龄段缩小。因此，我们对于儿童真的了解吗？

儿童作为一个概念，首先出现的地点不是在中国，而是在欧洲。是在欧洲的经济和人文发展达到了一个高度之后才被提出来的。而在西方文明的发源地希腊，在拉丁语之中，儿童的原意就是自由者。所以，西方文明一贯认为，儿童精神就是"自由"两个字。"自由"能够概括儿童精神，能够引导人类不断发展向前吗？

自由，或者说民主，正是中国当下很热的一个话题。自由在今天是一个褒义词。基于这样的思考，我有自己的定义，那就是中国儿童精神。

我认为，中国儿童精神应该由3个词组成，这3个词之间应该是递进的关系，即自由、自律、自新。

自由是基础，自律是手段，自新才是目的。

如何解读自由是基础呢？曼德拉曾经说过这样一句话："善良的心灵和精明的头脑往往是个不可思议的组合。"为什么会这样说？怎样叫作不可思议？那就是因为它还太少了。所以，什么叫作自由？其实，聪明人最能创造自由，因为只要是自由竞争，聪明人绝对获利最多。因此，个别的自由必然导致群体的堕落；所有个体的自律才能获得群体的自由。

我们大家都自己约束自己了，当然可以一起做一件更伟大、更了不起的事情。问题在于，这种情况实现过吗？人类从来没有真正实现过自由。正因为没有实现过,所以才叫理想,所以才指向未来。

因此,在自由的基础之上,我们所要强调的是以自律为手段。

自律,不是他律。一定要有自由,才有自我管理和自我教育,这也是东方文明和西方文明很大的不同,这也是中国文化有可能为世界文明发展做出贡献的基本。

中国文化很强调"没有规矩不成方圆",但是,这个"规矩"是我自己给自己定的,我自己约束自己。而父母和孩子之间,往往成了家长定规矩要孩子遵守,这不叫自律。

自新是目的。自新在这里分为两个层面来说。第一,改过自新;第二,自我创新。创造才是生命的本质。尽管现在国家提倡万众创新,受到一些人的质疑甚至反对,但是从生命存在的角度来说,就相当于我今天在这里,我要么创造出好的,要么创造出坏的。所以,回到我们家庭教育育人的本质上。家庭教育培育的是人,学校教育也强调立德树人。

儿童精神其实在中国优秀的传统文化之中有过不一样的表述,比如说,"大人者,不失其赤子之心",也就是这样的文化与儿童精神,才可能像我所理解的那样,能够如同蒙台梭利说的那样,"儿童正是作为一种精神上的存在,而不仅是肉体上的存在,才给人类的发展提供了强大的原动力,也就是儿童的精神决定了人类发展的进程,并有可能把人类引向更高级的文明。"

我们正在这儿做什么呢?

亲爱的朋友,你能活多久?你身边跟你知心的人有几个?你们共同可以做一点什么事?凡是这样叩问,我们最后就常常会陷入一种茫然。

所以，我写过一段话："这是肉体的脆弱，生命的有限，往往催生出个体的急躁，群体的狭隘，甚至一代又一代地毁灭掉我们的精神生命。"

所以，仅仅是一时，一方纵然有好的想法、行动的时候，我们也常常会彼此掣肘。可是，我们仍应该坚信正确的思想，通过长期的坚持践行，一定能够成为多方的共识，最后把理想变为现实。家庭如此，国家如此，民族如此，人类也如此。

正由此，人类这艘大船，我坚信它终将抵达一个光明的彼岸，正是我们亲手创造的未来。

谢谢！

以儿童阅读创造数字化时代的未来

（2017年5月，泰国曼谷"第3届国际少年儿童读物联盟（IBBY）亚太地区大会"）

亲爱的朋友：

我一直说，朋友是精神上的家人，家人是生活中的朋友。

站在这里，陌生却又亲近。因为，我们有着同样的梦想和行动。

我叫童喜喜，来自中国，是一位专职儿童文学作家。同时，我还有一个真正让我忙碌的身份——教育志愿者。

1999年，我用我一部短篇小说的稿费资助了一位贫困山区的辍学女孩。后来，我收到女孩的信，女孩说钱收到了，但她没有读书，因为钱被她父母拿去买化肥、农药种地了。

收到信时，我刚刚辞职，生活动荡不安，就没有给女孩回信。我觉得特别对不起她——是我给了她希望，却让她再一次陷入绝望。

2003年，我的生活刚平稳，就有了一个心愿，写一个孩子的故事，用稿费再资助一个孩子。于是，我写出了《嘭嘭嘭》。这是我的第一本儿童文学长篇小说。托数字时代的福，写完后我就通过网络，自由投稿给中国当时最权威的儿童文学品牌《小布老虎》丛书的出版方。小说顺利出版，稿费资助了30位失学女孩。

就这样，我的儿童文学之路从一开始就和教育交织在一起。

2004年，我和同为作家的好友李西西去山区支教，一边教书，一边写作。

2005年，我和李西西共同创办"喜阅会"，向贫困儿童赠书。我们希望，让有书的孩子更爱书，让没书的孩子有书看。

到2007年，我和李西西用稿费购买各类课外书，送给了几千名孩子。

2008年，举世震惊的汶川地震后，我创作了长篇小说《亲亲一家人》，将稿费捐赠给灾区的孩子。前往灾区的经历，让我内心受到强烈震撼，从此特别执着于思考人生的价值和意义。

很快，我迎来人生又一次重大转折。

2009年，我完成了世界第一部以儿童视角反思南京大屠杀的童书《影之翼》。我渴望从新的角度反思历史，创造并拥有真正的和平。

也是在2009年，刚写完《影之翼》，我就偶然接触到中国最大的民间教育公益组织——新教育实验。

中国的新教育实验，由著名教育学者朱永新教授于2000年发起。它继承了100多年前欧洲新教育运动的传统，以推动阅读为手段，在当今中国进行再度创新。从此，我全力以赴投入阅读的研究和推广中。

在新教育的推广实践中，我从一个普通的志愿者，变成组建萤火虫义工团队的带头人。这些年，我和我的志愿者伙伴们组织开展了6000多场公益活动。我捐出稿费和工作收入200多万元，带领团队工作并捐赠300多万元，共计人民币500多万元。

其间，2014年9月2日到2015年5月20日，我走进100所中国乡村学校，行程152085千米，相当于绕地球近4圈，为71940位贫困山区的父母、教师、孩子，免费做了196场阅读讲座。

出版我的"新孩子"系列作品，作为"2015世界年度最佳童书出版社"亚洲唯一获奖机构的21世纪出版社，为这100所乡村学校捐赠了价值1000万元的童书。

2009年之前，文学和教育只是我人生路上的巧合。

2009年之后，文学和教育变成我反思自我、了解世界的两大工具。

第3届国际少年儿童读物联盟亚太地区大会，是一次以数字化时代阅读为主题的盛会。我想的是，在数字时代，如何以儿童阅读创造未来？

儿童就等于未来。今天的儿童，就是我们能在现在看见的未来世界。

阅读约等于教育。阅读能力就是自学能力，是让人能够自我教育的根本方法。

在阅读的研究和推广中，微观的方法决定了阅读的效果，宏观的方向确定着阅读的原则。

从微观上，我努力自学脑科学、心理学等学科知识，也从宏观上思考着，阅读怎样让一位儿童成长为人？

从农耕时代、工业时代，到今天的数字化时代，不同时代对人的要求各不相同。

数字化时代带来交流的便利，让人们前所未有地接近平等和自由，更无限扩大着个人的力量，为人们提供了更多创造幸福、拥抱平等的可能。

阅读正是最简单、最有效的工具，把生命中的可能变成现实。

如果说农耕时代是"神佑众人"，工业时代是"上帝已死"。那么，我们从儿童做起，从阅读做起，或许可以乐观地期待，数字化时代意味着"人之重生"。

无论在童书写作，还是阅读推广中，我都刚刚起步。就我知道的前辈之中，比我做得早、做得多、做得好的人太多太多。

所以，这些年我最大的感受是，做得越多，越发现自己的不足，越觉得没有做、需要做的事情太多。

所以，参加这样的会议，我就像一滴水，汇进了辽阔的海洋。非常高兴有这样的机会向大家学习！

亲爱的朋友们，我知道，诸位都是有着这样儿童精神的大孩子。我知道，我们还有无数具有儿童精神的同伴。我坚信，我们的行动就在以儿童阅读创造美好未来。

今天，是因为无数人的爱，让我来到了这里。我知道，还有很多这样的大人和孩子，也需要我的爱。为了他们，我会和大家一样，继续行动下去！

喜阅童诗

（2017年9月9日，上海浦东图书馆）

亲爱的朋友，大家好！非常高兴来到这里，和大家交流童诗。

我听说，上海浦东图书馆是全国第一所围绕童诗这个细分的领域组织阅读讲座的图书馆，我非常感动。阅读的研究和推广，就需要这样细致的工作，才能真正帮助人们更好地前行。

这些年来，我一边写作，一边推动一些教育公益项目。在我开展的教育公益项目中，有各种类型的老师，有城市的，也有乡村的。在这里我要讲的是一个县城镇上的乡村学校——安徽省霍邱县户胡镇中心小学。学校有位老师叫董艳，在她的班里有84个孩子，其中67个是留守儿童。

大家也都能够想象得到，现在的农村孩子不仅有着大家想象中的活泼真诚、善良淳朴的特点，往往还有两个特点或者说两个极端：在农村的孩子，尤其是留守儿童，要么非常自闭内向、沉默寡言，要么特别桀骜不驯、放荡不羁。所以，就是在这样的环境中，这样的一群孩子，相遇在董老师的班上。董老师从2011年开始尝试着用诗歌来改变他们。

为什么用诗歌这种形式呢？因为他们没有多少钱，而诗歌是一个相对低成本的工具。同样拿一本绘本的钱买诗歌的话，可能就能够读到很多本，这是一个方面。另一个方面，诗歌比故事更短小凝练。对于一个老师来说，包括父母，在家里用5分钟，可能讲不完一个绘本故事，尤其是无法深入地去读。但是，用5分钟，却可以通过非常精彩的方式"感受诗歌"。这种能够改变孩子命运的读诗方式叫作"新教育晨诵"。

2013年，董老师班上来了一个特殊的小女孩，我们叫她小北。

小北报名的时候，附近的学校都不接收她。她的爷爷奶奶，还有爸爸妈妈带着她一起来到董老师班上。孩子的父母说："老师求求你，你就接下这个孩子吧。我们不要求她学到什么，只要把她放在教室里就可以。"因为，在所有人的眼中，智力有障碍的小北很难带好。现在的老师也有学业上的考核任务，接下这样的孩子会对任务有影响，可董老师心地善良，收下了小北这个孩子。

每一天，董老师都会花10分钟的时间给孩子们读一首诗。有一天早上读诗的时候，她突然发现小北眼睛里有一道和以前不太一样的亮光闪过。董老师知道，小北读懂了这首诗。

从那一天开始，董老师每天都会多用2分钟的时间，给这个孩子把当天读到的诗歌再读一遍。每天2分钟，她重复了800多天。董老师不是神，对特殊的小北，她似乎也只能做这么多了。然后，1600分钟之后，2016年的1月6日，小北写诗了——

《心年》

大姐上

人多少了

我就只到是心年来了

没花开了

文一文

我就只到是心年来了

这首诗"翻译"过来,是下面这样的——

《新年》

大街上人多了

我就知道是新年来了

梅花开了

闻一闻

我就知道是新年来了

她写了很多错别字,但是,我们依然可以读出诗的味道,因为这是一个孩子对于生活最真实的记录与体验,是小北内心世界的一种呈现与流露。我们在全国的图书馆界可能是第一次举办这种主题分享,的确有着非常强的前瞻性。

因为,童诗的价值和意义其实是远远被低估了的。

一、童诗的价值和意义远远被低估

在中国台湾的教育之中，诗歌，尤其是童诗，是被放在非常重要的位置上的。

但是，在我们中国大陆的教学之中，包括课本之中，我们可以发现，有很多诗的定位类似童诗，比如说你们肯定都知道的《静夜思》。很多孩子都觉得这是一首童诗，而且，对它非常熟稔。

但是，它真的是童诗吗？我来问你们一句，对于孩子来说，故乡是什么？孩子知道自己的故乡在哪里吗？孩子知道思念故乡是一种什么感觉吗？孩子知道为什么看到月亮，然后低头会思念故乡吗？恐怕不太清楚。等孩子稍微长大一点，尤其是到了离开爸爸妈妈的那一天，他在外面可能会哭着来读这首诗。所以，这样的一首诗，虽然它的字词句很简单，但是，不意味着它是童诗。

我们说，童诗的价值、意义远远被低估了，我今天有一点点体会跟大家分享。

首先，我们必须要认识到，童诗是孩子的最近发展区，而父母往往会成为孩子的第一个榜样。因为你的语言孩子都能懂，所以，孩子说起来会非常快。更重要的是，他说的时候有共鸣，这是他从心里说出来的。

其次，提高审美的素养。童诗里面有大量的想象：鞋子像小船，眼睛像月亮等。你说，举头望明月，孩子不太明白为什么要望月。但是，如果你说妈妈的眼睛笑得弯弯的，像月亮一样。从此，孩子一见到那个弯弯的月亮，可能就会想到妈妈特别亲切、甜美的那种感觉。所以，审美是从孩子懂得时开始的，然后塑造、完善人格。

其实，童诗最喜欢传达做人的道理。现在有很多童诗，有激进派的，或者说现代派的，或者说科学派的，父母和老师都反对我们如此过度地强调这种讲道理的童诗。而一旦形成正确的三观，比如我说"妈妈的眼睛笑得像月亮"，孩子自然而然地就会想到妈妈，给他一些甜美、幸福的记忆。用不着你说"你要爱妈妈，你要记住妈妈的爱……"这当然也包括用不着你去说要激发想象力，提高创作的欲望。

你会把我叫成作者，如果我有名一点，你会称我为作家。孩子从上小学就开始写作文，但你会把孩子称为作者吗？你会把孩子看成学生，所以，你觉得孩子的一切都是在起步的阶段。这对吗？

其实是错的。

因为，人们所说的那些话，本身就是一种创作。如果我们能够汲取其中一些，并梳理出来，就是我们创作的作品。一个孩子可能很难像我这样——我是一个成熟的小说作者，我可以写10万字，这被称为一个作品；你的孩子只说了10个字，说了两句话，可那也是一首诗啊。就像日本有一种诗歌体裁叫作俳句，每首诗都只有两句话。

所以，我们一定要意识到，孩子的创造力是从他生命的开始就需要被你呵护，被你激发的。对于你来说，他说"爸爸我爱你。"你觉得这算是一首诗歌吗？你们觉得这算吗？可能绝大多数人都觉得，这是一句话，这不能被称为一个作品。可是，对于孩子他自己来说，尤其是他第一次说出来的时候，这就是他生命之中最美的一首歌颂亲情的诗歌。我们一定要以这种方式来认识儿童的创作，才能够更好地了解童诗真正的面貌。

童诗现在在中国只是刚刚回暖，中国的童诗整体来说一直处于被人遗忘的边缘。我也可以这样告诉你，我今天没有什么要向大家推荐的诗集。我自己写了不少童诗作品，大多都把它们融合在小说里。不过，近期有一套《中国最美诗歌》的丛书，每一辑都会选一位名家的童诗出版。编辑看到我书里的童诗，建议我把它们从书里摘出来，整理出版。但是，那种真正的专门写童诗并出版的诗人，现在还是非常少的。

在中国，儿童文学真正出现，其实也就是自20世纪初五四运动到现在，接近百年时间。在这期间，中国童诗有两个高峰时期。一个是20世纪的五六十年代，新中国诞生不久，很重视这些方面的工作。那时候的童诗有一个特点，比如说，圣野老师等，这些前辈所写的童诗，可能哲理性大于童趣。这是中国长期以来形成的一种观念——文以载道。到了改革开放之后，童诗又有了一次小的爆发。一批年轻的作者创作出了很多高质量的童诗。除了这两个阶段，基本上童诗都是处在一个沉寂的状态。

近年来，随着阅读的推广，童诗回暖，而且是从教室里面开始的。那么，我们在家庭里进行阅读的时候，要怎样注意诗歌的选择？我们毕竟不是专业的老师，但是懂得如何选择，如何阅读，包括如何激发孩子的创造力，这才是我们了解这一切背景的最终目的。

总结来说，童诗具有如下价值和意义：①发展语言能力；②提高审美素养；③塑造完善人格；④形成正确三观；⑤激发想象潜力；⑥提升创作欲望。

二、关于童诗的一些基本概念

为了更好地理解接下来的一个新定义，我觉得有一些新概念，还是必须要跟大家分享一下我的思考的。

何为诗歌？它随着人类语言产生，是人类起源最早的文学样式，也可以说它不仅是人类起源最早的文学样式，也是每个人最早的文学创作样式。

所以，我们在儿童读童诗、说童诗、写童诗时，一定要有一个正确的认知：让孩子在"一寸光阴一寸金"的童年时代，最高效地产生阅读效果，方法当然是阅读结合了诗歌特点和儿童特色的儿童文学作品。

什么是儿童文学作品呢？这里提出一个我个人的定义。我个人认为，儿童文学是以积极心理学为基础所创作的具有儿童精神的文学作品。

什么是中国儿童精神？我用3个词概括，那就是"自由、自律、自新"。自由是基础，自律是手段，自新是目标。

在这之上我们来反观，童诗也是儿童文学的一种体裁，那么，现在我们认为的童诗，它作为儿童文学是怎么被定义的呢？即专为少年儿童创作的文学作品，同时它又适合0到99岁阅读，老少均可品味。在国际上，有一个更简单粗暴一点的解释：儿童文学就是指以儿童为阅读对象的文学作品。

国际上，儿童的概念其实是未成年人。我们中国因为有长期的文化渊源，自己积累了很多有着特殊指向的词汇，我们在跟国际接轨的时候，如果不经过分析，常常就会误判。我们现在认为的青春文学，在国际上并不存在这个概念，它属于儿童文学的范畴。

英国著名的青少年文学大师艾登·钱伯斯，因为《在我坟上起舞》一书，获得了国际少年儿童读物联盟（IBBY）颁发的国际安徒生奖——这个奖相当于儿童文学界的诺贝尔奖。而我们中国的父母拿着书一看，说，这样子的书怎么可以被儿童看？这本书讲了两个孩子，互相之间搞些小阴谋、小斗争。然后，其中一个孩子因车祸身亡，另外一个孩子为此感到内疚。到了最后，他就根据他们之前的约定——不论谁先死，另一个人要到他的坟上跳舞，跑到坟上去跳舞，结果被警察抓住了。大家认为这不是亵渎死者吗？然后，便要对这个孩子进行审判……你说这叫儿童文学吗？可见，国际的"儿童"年龄范畴比我们理解的要广。

所以，定义不一样，导致我们的理解不一样。因此，什么叫积极心理学？我知道所有人都愿意幸福。关于幸福，哈佛有一门课叫"幸福课"。它是整个哈佛选课单上被选次数最多的，在网易公开课里面就有。为什么这节课如此受欢迎呢？因为大家在学习了之后，觉得自己真的变幸福了。哈佛的学生都是高智商，但是，他们唯一感觉不尽完美的地方就是"我不太幸福"。这节课之所以受欢迎，它背后有一个定义就叫作积极心理学。

积极心理学其实是在20世纪80年代才兴起的一个新的研究领域。过去100年间，心理学都是把病人作为研究对象来研究的。比如说，你告诉我，你的童年是完美的吗？你的父母会不会对你有什么伤害？你的童年之中是不是有一直让你难过的记忆？但是，没有人是完美的，所以没有家庭是完美的。每个人都在心理上或多或少有自己的欠缺，或者性格不同，呈现出来的正面就是优点，反面就是缺点。

现在，因为对自己的关注，读心理知识的人很多。请你们一定要注意，分析了解自己曾经受过的伤害，这是很对的。但是，我们分析了解并不意味着就够了，关键是受了伤害之后应该怎么办？我童年也受过伤害，可我也没有反社会，也没有暴力倾向。所以，积极心理学研究的是正常人应该怎样使生活更加幸福的一种心理学，以积极乐观的态度去面对和解决问题的一种心理状态。

它研究使个人和社区繁盛的力量和美德，希望发现并培养能力，并且使正常的生活更加充实。一个人本来很正常，思考让你更充实了，于是就更积极了。

童诗正是体现这种进步的一种方式。因为童诗有两种，一种是大人写给孩子的，适合儿童读的诗歌。另外一种呢？是儿童自己写的，那就是更干脆的表达了。因为儿童很难有更多的形式来呈现自己。比如说小说、散文这方面的创作，都需要更多知识的积累，所以，诗歌和绘画等方式是特别适合儿童的，是一种非常明显的创造力激发和提升的途径。

在这样的基础之上，我才在这里说儿童文学应该是以积极心理为基础所创作的具有儿童精神的文学作品。

为什么有很多作家会感觉"你叫我儿童文学作家，是太冤枉我了"？比如说从新闻报道中看见，曹文轩老师就说："你不要叫我儿童文学作家，因为我并没有专门针对儿童来写作，只是我的一些作品儿童会比较喜欢看。"曹文轩老师获得了国际安徒生奖。

莫言老师获得了诺贝尔文学奖。为什么莫言老师的作品没有人推荐给儿童来看？有一次，在接受采访的时候，有高中生父母问莫言："你的作品有哪些适合我家孩子来读的？"莫言想了半天，才说："读我的作品可能要等孩子长大一点，比如说他到了大学的时候读吧，那个时候才适合。"

为什么高中生不可以读呢？莫言写的《蛙》是很受人赞誉的作品，当然会有人希望把好作品带给孩子读，对不对？为什么不行呢？我们可以说，这本书并不能吻合"儿童文学"定义中的两个要素：一个是积极心理，一个是儿童精神。如果作家的作品中有对黑暗世界非常深入的剖析，但是，并没有指出我们怎样可能改变。这并不见得说，作家马上要给出改变的策略，但是要写到怎样可能改变。只有这样的作品，孩子看了之后，才会在黑暗中找到一个隧道向前走，最终遇到光亮。这就叫积极心理。有的作品不能称之为儿童文学作品的原因，就是我们在这个黑暗之中摸索、挣扎，可就是无果而终。

这就是儿童文学和成人文学的一个非常简单的分界线。

因此，我们自然可以说，童诗就是以积极心理为基础所创作的具有儿童精神的诗歌作品。

在这样的儿童精神之上，你首先让他自由。你家孩子爱说话，你不能说"不行"。比如现在，如果我在这里讲座，你的孩子在台下讲话，而你想要孩子听我童喜喜说话，你可以这样说："你看，你在这儿说，童喜喜在那儿说，大家都听不见了。你听听童喜喜说了什么？我们等会儿是不是可以走上台，跟她去说一说？"

看，这首先是给孩子一种选择，这就是给孩子自由。

这种教育方式是让他自己想一想"我在这儿是不是还可以有新的方

式来跟人交流"，这叫作自律。自由之上的纪律，才叫自律。否则你越管孩子越累，孩子越大你越难管，到了最后你累得半死，孩子也累得要命，而成长却并不尽如人意。

到了第三个阶段，自新。一方面指的是改过自新，另一方面是自我创新。改过自新是自省，能够自己反省，去反思，去改变。自我创新就是在朗读之后说和写，创作童诗的原则和方法。

三、童诗挑选的原则和阅读方法

诵读，一开始当然要读。为什么要读？你想让你家的孩子具备领导力吗？你想让你家的孩子成人之后工作取得的成绩能够被人看见吗？你想让你家的孩子今后找工作的时候比较容易吗？你想让你家的孩子在学校里面能言会道，人见人爱，学到管理的能力吗？你想让你家的孩子在学校里面善于交际，交到更多朋友吗？

语言文字非常重要，尤其在中国。中国是一个浪漫的国度，我们整个文化的根在这儿，所以，我们才会学《静夜思》这样的诗。尽管孩子不懂，可我们还是下意识地教他，因为他学会了这样的诗之后，也许有一天，他会流着泪思念家乡。他就可以把这样的一些诗带入自己很贫乏的、普通的日常语言之中。这就是孔子说的"不学诗，无以言"。

那么，究竟我们该怎么学呢？你们有没有觉得现在的小孩比我们小时候都聪明一些，因为他们现在了解信息的渠道跟我们完全不一样。可能我们过去1年所了解到的信息，现在的孩子看3天电视就都知晓了。

这里有一个调查。据2014年的统计数据，全世界数字信息的总量已经大于全世界沙滩上沙子的总量。这样的信息时代造成了一个什么问题？那就是，以前你总在发愁孩子找不到好的东西，而现在你在发愁好的东西太多了，孩子到底选择哪一个才是最好的，对不对？

1. 童诗挑选的原则

怎么选择呢？大家一定要记住，我们已经来到了信息时代，我们的孩子现在就是最典型的网络原住民。我们的童年还有一段时间是没有手机、没有电脑的。可我们的孩子不是，他甚至从一出生起，隐私便被家长曝光了，大人天天发朋友圈，他穿开裆裤的时候是什么样，大家全都知道。

请记住这样的一个区别，工业时代是我们以信息来谋生或者说发财的时代。所以，我们特别需要专家。什么叫专家？就是专门盯着一门学问，拼命地钻研，弄清楚特征、规律，去发明和创造的人。他是以钻研这个信息，提供这个信息为中心的。一个人如果把这个钻研好了，一辈子吃喝不愁。这是在工业时代。

信息时代不一样，我们今天在这里讲，你录了音，放到了网上，只要有人愿意听，全世界都可以听到。因此，信息时代叫什么？叫以人为中心。有的人喜欢优雅，有的人喜欢深刻，有的人喜欢活泼，还有的人喜欢幽默。不同的人有着不同的选择，在这个多元化的世界里，你的孩子是什么样的？你了解孩子的性格吗？我们给孩子选诗歌要符合他的特点。

第一，符合孩子身心发展阶段。诗歌挑选要从孩子出发，从儿童出发，它意味着要符合孩子身心发展阶段。我们的孩子可以读一点《静夜悉》。但是，如果都读这样的诗，肯定不利于他的身心发展。

第二，符合诗歌的学习特点。从3个字，到后来的5个字，到后来的更多的字，从2行到10行。

第三，符合生活的情境变化。这一点其实公众号就可以做到。现在公众号有很多，诗歌类的公众号会怎么做呢？

比如，今天是立秋，你就会发现公众号里推送了一首关于立秋的诗歌。这就是最简单的。如果要符合学校的学习节律，你就别在刚开学的时候给孩子选择一些特别兴奋的、特别富有幻想力的、特别张扬个性的诗歌。开学伊始，我们可以选富有哲理的、更多引导求知的诗，帮助孩子顺利地融入新的求学生活中。

第四，注意不同年龄阶段的区别。前年到现在，我带着团队主编了《新教育晨诵》。这里面的每一首诗歌全都是我一首首写的，或者是一首首改过的。我们总结出适合幼儿到高中不同阶段的主题。幼儿阶段，更侧重于生活与环境；小学开始侧重于内心世界与自我；到了初中的时候，最感兴趣的是张扬青春的活力与人际交往主题；那么到了高中，其实更适合让孩子们去读引发反思、鼓励阅读的诗歌，主题是理想与人生。我之所以用了这么长的时间，在著名教育家朱永新老师带队指导下，来主编这个诵读读本，就是因为我们工业时代的作品很多，而信息时代的作品，不能说很少，得说是几乎没有。

因为，整个教育界的思路全部都是我们如何能够掌握更多的知识，到了现在是我们如何能够让孩子掌握技能，提升素养。我们并没有真正做到以孩子为中心，让孩子得到最了不起的成长。所以，我们在主编这

喜阅童诗 / 113

一套读本的时候，或者说包括刚才我所提炼出来的工业时代、信息时代这样的主题，是我在带队做研发的过程中反复思考，然后拓展的一些主题。这个是符合我们刚才说到的那些挑选原则的。

2. 童诗的阅读方法

接下来，我要教给你们阅读的方法。如果你掌握了，就可以把每一首诗，包括刚才说到的《静夜思》，让孩子取得更好的阅读效果。在读诗的过程中，有几种读法，我来给你们介绍一下。请特别要注意，新教育晨诵与这些方法不同，新教育晨诵的读诗，是以人为中心。具体到落实中，和其他方法有相同之处，也分别有一些不同。

第一，新教育晨诵和中国古代蒙学有异同。

第一种读法，像中国古代文学这样的，比如《三字经》，我们现在来读这些，觉得它很经典。但是，我们其实没有意识到，古代的儿童教育之所以那么成功，以前之所以有那么多的大师，并不是因为他们从小就背《三字经》。现在，有些教育人并不清楚，其实背诵是从明清时代也就几百年的时间形成的。在此之前的几千年，古代儿童教育更强调行为的养成，也就是养成习惯。

《三字经》为什么有用？是因为当时人们就是那样说话的。当时，他们不仅那样说话，而且他们就是那样做的。所以，当时的孩子很容易听懂。孩子一听"人之初，性本善"，自然而然就会懂得这是什么意思。孩子听说"苟不教，性乃迁"，也不会联想到"狗不叫，绳来牵"。我们要汲取中华优秀传统文化的路还很长。但是，最起码我们了解了，我们取材的古代蒙学，其实都是当时的人现编的。

第二，新教育晨诵和读经运动有异同。

王财贵是读经运动的旗手，是中国台湾一位著名的学者，他的读经运动指的就是读和背。把"人之初，性本善。性相近，习相远"这些古代的经典读一读、背一背，然后自然而然就可以出口成章了。他强调记忆和背诵，强调储蓄知识。我们常常说孩子的记忆力最棒，所以，我们要存一些知识在头脑里。

新教育晨诵同样也强调要储蓄，它强调的是熟读成诵。如果能够背当然更好，不能背也没关系。背诵相当于是"储蓄"。读经运动注重"储蓄"，但新教育晨诵认为"储蓄"和"花钱"之间有一个比例。如果你今天赚了100元，把它全部存起来，那么，你拿什么度过现在的生活呢？

《南方周末》做过一个调查报道，经过10年的读经运动，有一些孩子甚至在智力上都出现了问题。这是非常悲哀的。追随并践行读经的全都是一些特别重视孩子教育的家庭，家长特别希望自己的孩子能够成才。没想到过了10年，孩子居然智力出现了问题，能想象这种落差吗？不过，当年读经运动的号召力还是很强的。即便今天，在很多偏远的地方，读经这一类的运动仍风行着。

第三，新教育晨诵和华德福晨诵有异同。

还有一种读法是华德福式的晨诵。华德福每天早晨都要读一首诗，但是他们有仪式感，一群孩子加上老师牵着手在一起。而且，他们读的每篇诗歌都是固定的内容，基本就是一首诗在重复。

新教育晨诵也强调仪式感。你知道孩子为什么老是那么调皮，那么嬉皮笑脸吗？为什么我们常常会觉得过年没意思，可是孩子觉得过年有意思呢？这就是因为仪式感。

生活之中少了仪式感，孩子就会缺乏那种对崇高与美的向往，便喜欢调皮。为什么到了春节，孩子会觉得不一样呢？因为，在春节之前，亲人都会回到家里，然后整天忙碌着准备过年，窗明几净，美食飘香。所以，读诗的时候，仪式感非常重要。

第四，新教育晨诵和一般诗歌教学有异同。

新教育晨诵强调浪漫感知。我想，可能很多成人都会犯类似这样的错误。比如，我们读一首诗，对孩子说来看看"静夜思"这三个字，认识不认识啊？你们把这个叫作诗歌教学。其实，中国的父母非常勤快，总是把老师应该做的事情给做了。然而，自己其实应该做，并且很容易就可以做的事情，反而不知道怎么做。

新教育晨诵，强调的是浪漫感知。比如我刚才说到的《静夜思》，不用去问孩子"静"字如何念，那是老师该教的。但是，你要对他这样说："孩子，你知道什么是'低头思故乡'吗？前些天我出差了，你那个时候想不想我啊？我好想你噢。所以说，有一天，如果我们离开了家，那爷爷奶奶在家里，外公外婆在家里，你说我们想不想爷爷奶奶和外公外婆？"这时，孩子可能会说"有时候想"。你就可以接着说："所以说，我们离开了之后，这个家就叫故乡。我们一看到月亮，它那么圆，可是我们一家人却没有团圆，那个时候你想不想家呢？"

我们就这样简单地引导，孩子就会懂得诗所想表达的情感。如果我们结合着自己家里的故事讲给孩子听，效果绝对不一样。

新教育晨诵强调以人为中心。新教育晨诵的诗歌诵读方式，强调我们要用明亮的诗歌让孩子的精神状态特别积极、昂扬、向上；同时，也要用这样的诗来叩问内心。

在一天一天潜移默化的教育中形成的那种效果，是你难以想象的。

我简单地来介绍一下，在我们诵读的流程之中，最重要的就是"思与行"。这也是我们这一套读本最宝贵的成果，也是从来没有过的体例。继续说《静夜思》，我们读《静夜思》的时候，一般都会有注释，有的还有作者背景介绍、时代背景介绍，还有关于这首诗的创作的前前后后的故事。

大部分家长是不是觉得这样子就已经很有水平了？可是，这些资料介绍跟孩子有什么关系呢？介绍的都是这首诗，这种以诗为中心展开的一切，跟孩子没有产生联系。

以孩子为中心，讲讲他应该从诗中汲取什么，这才是我们的落脚点。关于"思与行"，我就会这样说——亲爱的孩子，你离开过家乡吗？当你离开家乡之后，会对家有什么样的感情呢？在外面看见月亮圆圆的，你会想起家里的亲人吗？在家里，跟家人在一起的时候，看见月亮又是怎样的心情呢？当你在外面低下头，月亮照着孤零零的你的时候，你会想念你的亲人，想念你的故乡吗？一连串的问题问的都是小读者。这样的问题，就是"思"。

到了结尾，我还会说——那么，亲爱的孩子，今天，我们知道了想念故乡，想念家里的亲人。更重要的不只是思考，而是当你在家里的时候，你是怎么行动的呢？如果你现在回到了家，你会怎样向你的爸爸妈妈，向你的亲人表示你的想念、你的爱呢？请你今天晚上回到家里之后，让他们来感受到这一点吧。你能够怎么做？这就是"行"。

我们总结了新教育晨诵的5个特点：仪式、艺术、感悟、精神和传承。

一个是要有仪式感。每天，尤其是早上或晚上的那首诗歌，你应该带着问题去叩问他的内心，同时要有艺术的韵律。可以在家里放一点音乐成为背景，同时要不停地这样去问他，让他的感悟越来越丰满，越来越生动。

男孩一般都是粗线条的。四川宜宾有一个男孩，当时他读到的诗歌的主题叫作"秋思"。你们想想，古人的秋思读给一个性格比较粗犷的男孩子，他会怎么说？他就对我们的郭明晓老师说："老师，我觉得这个古人真的好肉麻，有什么事情就又是哭又是叹的，而且说什么怨呀、愁呀，这有什么好读的！"这是一个正常孩子的想法。等到这个课程结束了之后，在最后总结回顾的时候，这个孩子读着读着眼泪就掉下来了。郭老师走到他身边轻声问："你怎么了？"他说："我也不知道怎么回事，突然就有一种说不出来的感觉！"

什么叫"只可意会，不可言传"？简单地说，以前孩子对你说"妈妈，我爱你"，表达的方式就是把你使劲地抱一下。现在，孩子能够懂得"我爱你"这份感情里面有多少种含义，从而为接下去的行动做好储备。

这就是感悟精神和传承。传承是孩子自然的表达。文化精神指的是什么呢？为什么现在我们好多孩子，包括很多特别优秀的孩子，不孝敬父母？就是因为，他越优秀，就越瞧不起父母。所以，精神的传承很重要，应该让他知道，父母可能在这个社会之中不是特别成功的，但是，他们的勤奋，他们的善良，他们的担当都是非常宝贵的精神财富。有了这些共鸣，孩子才会尊敬你。敬爱父母很重要，而现在很多父母强调的是孝顺父母，到了最后自己收获的却是伤害。

新教育晨诵以人为中心，通过"思与行"不断地去叩问。这样的一套读本，一群全国特级教师，著名的阅读推广人，47位文学名家和教育名家，29位博士和600多位一线名师组成的专家团队，跨界合作，锤炼本书。所有的稿费，百分之百捐赠给了新教育实验的公益项目。为什么会这样做？我们就是希望可以推动一种理念。

我特别希望大家用这种方法改变阅读的视角，要为孩子选择最适合他的书，并且用最好的阅读方法来阅读。

我特别骄傲地告诉大家，上一届诺贝尔文学奖得主是民谣歌手鲍勃·迪伦。大家都说，哇，怎么会有一个歌手拿诺贝尔文学奖？在这个歌手拿诺贝尔奖前，我们正好推出了一套晨诵书。而这套书是整个中国唯一的一套收录了他的歌词的晨诵书。

大家看，老师用新教育晨诵的方法来读鲍勃·迪伦的一首诗。

老师会说："早安，亲爱的孩子们。"

孩子们会说什么？孩子们会说："早安，亲爱的老师。"

在这里，每种颜色代表着不同的人来读。比如，黄色是我作为老师或作为大人来读，白色是孩子来读，蓝色由男孩们一起读，红色由女孩们来读。

所以，我接着会读："轻轻地走进新的一天，"男生会读："擦亮每个日子，"女生读："点亮心里的灯，"最后，我们一起读："渐渐地让我们照亮世界吧！"

这是每天都会有的一段对话，这样一番对话后就意味着我们的晨诵开始了，这就叫作仪式感。

你在家里可以简单些。比如说，孩子起床的时候，放一首音乐。从音乐开始，你就跟他读诗。那么，这首音乐就是你们家的仪式。

接下去，继续我们的晨诵。老师会讲这首诗，今天我们要读的是《答案在风中飘荡》。那么，我们会说："天下大势分久必合，合久必分，但是不变的是诗人那颗火热的心。"然后问题来了，"我们怎样才能拥有这样一颗火热的心呢？你们想像诗人一样拥有一颗火热的心吗？"让我们现在来听这首歌曲，就叫作《让昨天告诉明天》。因为这首诗讲的是一段历史，所以我们用了一首关于历史的歌曲营造一种氛围。每天一首歌，歌声肯定比我们的声音要好听多了。孩子会进入这个情境里面来，甚至跟着一起唱。

之后，我们便开始读主题诗。主题指的是我们这一次的"战争与和平"主题，我们选用了一首叫作《死亡也一定不会战胜》的诗。这样的一首诗是童诗吗？它是成人世界的诗歌。可是这样的一首诗，如果孩子从小学一年级开始读，到了五六年级的时候，让他理解这样的诗歌是不成问题的。这就是为什么用这样的阅读方法读诗的孩子，他的成长会自然而然地特别茁壮。通过这样的方式，一天一天地重复主题诗。

再问："这种死亡也无法战胜的坚强，任何艰难险阻面前也不会屈服的精神，能不能存在？在你的心灵深处呢，请问能够存在吗？"然后带着这个问题，我们复习昨天的诗歌。一边读昨天的诗歌，仍然一边问："生活在和平年代，为什么还要阅读战争诗？为什么要记住这些历史？如果不这样做，世界会怎么样？"

接着，水到渠成地引出今天我们要读的一首新诗。这首新诗的题目就叫《答案在风中飘荡》。下面就请大家自由读，读通，读顺，读出自己的理解就可以了。因为孩子们的记忆力特别强，所以他们整体认识字的能力特别强。在读的过程中，不用刻意进行识字、写字的教学，他们很快就可以把这样一首诗看着读下来。

读完之后，接着一边读一边提出一些问题——人要走过多少路，才能成为真正的人？白鸽要越过多少大海，才能安睡沙滩？而那炮弹要飞射多少次，才会被永远禁断？这答案在风中飘荡。一个一个的问题，你可以去问孩子，有时间他可以回答，没时间你就停顿一下，让他思考就可以，就这样一段一段地问，一段一段地读下去。配合着播放图片，以一种艺术的方式，不断冲击着孩子的感官和内心。然后，蓝色的部分，男孩读，红色的部分，女孩读。

大家又重复地把整首诗读一遍，这是第3遍了。第3遍，我们再自己设计些不同的叩问。所以，从世界到自己，何时才能有真正的自由？这答案在风中飘荡。我们今天不打仗，但是你有没有疑惑的问题？比如，一个老师要上多少节课，才能让孩子们的生命绚烂绽放？作为爸爸或妈妈，要费多少心、做多少事才能够让家庭幸福美满？你有没有遇到一些难以琢磨的事，始终在风中飘荡的呢？如果你遇到了不能马上解决，你会放弃努力吗？我们的这位歌手，他没有放弃。他用他的歌、他的诗唤醒了很多人。当你对孩子说的时候，孩子会一次又一次地被这样敲击着心灵。

当然，最后我们还可以一起听一听鲍勃·迪伦的歌。这个时候，孩子对于这样一首诗、一首歌的理解是绝对不一样的。一天一个问题而已，孩子的理解便会不一样，更何况天天如此呢？

2014年我写了两类书。"新孩子"系列中的《新教育的一年级》是写给儿童看的儿童文学。《喜阅读出好孩子》是写给大人看的阅读指导手册。后者是我唯一同时以教育专家和儿童文学作家身份撰写的作品。为什么这本书在这几年里一直都在获得各种奖项？因为它是一本非常切合中国家庭、中国学校实际的，有着相当多实用技巧的，拿去就可以直接用的书。

四、说写课的特点和原则

最后，说一下说写课的特点和原则。

很多教育的问题就在于只有研究，没有行动。我之所以开展了"童喜喜说写课程"的研究，是因为我的亲身经历。说写，就是以说作为桥梁，彻底地打通阅读和写作之间的壁垒，一举三得，同时做3件事情。

《嘭嘭嘭》这本书，是我写的第一本儿童文学作品，获得了许多奖项，也卖了100多万册。2003年，靠这一本书的稿费，我资助了30个失学的孩子，湖北十堰为此成立了一个"童喜喜春蕾班"。不管是评奖专家，还是读者口碑，都证明了这本书的价值。

为什么我在文学界正混得风生水起的时候，来做教育研究？我在2009年完成了《影之翼》这本书后，就投入教育之中，从2010年开始做一个项目研究。这个项目至今已经做了7年多，经过我们大量的实践，阅读的研究心得出来了，随后我和伙伴们的写作研究心得被研发成了说写课程。

我小时候经历过的"口头作文"训练和比赛，就是我今天要讲的"童喜喜说写课程"的原型。在说写课程中，有"7种武器"，每种武器，都是一件法宝。

简单地说，孩子写出来的东西，适合他们阅读的东西，他们生活之中的东西，他们脑子里思考的东西，他们眼睛看到的东西，都是割裂开来的，因此作文对他们来说特别难。你这个时候只是一个"外科医生"。

说写，就是用"说"推动其他的几个环节，做了一个"内科理疗"，相当于"中医保养"——从共情生活，到艺术观察、智慧倾听、逻辑阅读、哲学思考、精准表达、优美书写。

别以为你的孩子做不到。在这里，你不可能一下子把"7种武器"融会贯通，我就告诉你们一个回家之后就能用的方法。用口语创作，要点是每天一篇，用时3到5分钟（指的是作文）。如果是童诗的话，可能只要1分钟就行了。

孩子们每天完成一篇1000字的作文，不是神话。要想写得好，只有多读多输入，多练多储备。

在诗歌方面，孩子更加得心应手。孩子是天生的诗人，他们说话和成年人不一样。如果在写作文时颠三倒四，这是大忌；可是在写诗歌时颠三倒四，说不定还会有意外的趣味。

所以，请父母注意，你对孩子只做一件事，那就是重复好句子，绝对不批评。这样，他每天都会作一首诗，每天都可以完成一篇作文。

江苏淮安有一位王艳老师，结合诗歌诵读开展了说写课程。她的班里有30来个学生，参加江苏省的一个诗歌大赛。这个比赛是自愿参加的。12个人主动报名参赛，3个人获得了一等奖，2个人获得了二等奖，2个人获得了三等奖。她开展说写课程是比较早的，可以称得上是第一批实验教师。她在读诗歌的时候，让孩子仿说，然后就发现孩子们有了很大的进步。我们来看看她是怎么做的。

这是中国台湾林良老先生创作的一首非常著名的童诗。

《蜗牛》

不要再说我慢，

这种话我已经听过几万遍。

我最后再说一次，

这是为了交通安全。

这样的一首童诗，你说它能够产生什么样的效果？看看我们孩子说的诗吧。

不要再说我怕，

这种话我已经听过几万遍。

> 我最后再说一次，
> 这是为了身体强壮。

还有一个更有意思。他是一个写作业、做事情特别拖拉的孩子，他的妈妈总是因为这件事生气。结果，就在诵读完这首诗回家写作业的时候，他妈妈又开始唠叨了。于是，孩子便信手拈来，一首诗脱口而出——

> 不要再说我慢，
> 这种话我已经听过几万遍。
> 我最后再说一次，
> 这是为了作业认真。

妈妈听了之后，半天也说不出话来。然后，妈妈就这个话题找老师进行了沟通。再然后，围绕着作业认真，三方做了一个会谈，对作业认真、作业速度等进行了深度交流。从此之后，妈妈就被这首诗给堵住了嘴巴。因为没有妈妈在旁边催促，孩子便不那么焦躁，反而在速度上有了明显提高。

你们能够想象到，这样的一种结合着儿童自己的生活的创作，会带来这么大的不同吗？一首小小的诗歌，就因为说写，激发了孩子内在大大的力量，不仅仅是成绩改变了，而是整个人格完善了。

下面是王艳老师班里的孩子在参加童谣创作比赛时写的诗，题目是《勇敢的小青蛙》。

《勇敢的小青蛙》

枯井里小青蛙，

从小到大在井下。

没有朋友来玩耍，

心情难过泪落下。

鼓起勇气向上爬，

爬了一天又一天。

终于看到大世界，

满心激动泪哗哗。

真是勇敢的小青蛙！

你们说，这种童谣跟我们在书店里买的那些童谣有不一样的地方吗？我们再来看一首——

百变魔尺真奇妙，

千变万化本领高。

拼过袋鼠和老虎，

拼过飞机拼大炮，

样样拼得都逼真。

你们拼过魔尺吗？

我还没拼过，

因为妈妈没买过。

你如果也能够在家里说出这样的一首诗来，妈妈肯定会给你买10个魔尺吧？这就是孩子呈现出来的创造力。

带领老师并不是最终的目标，带领老师是为了影响父母；影响父母也不是最终的目标，影响父母是为了造福孩子；造福孩子还不是最终的目标，我们最终的目标是，不管生活还是工作，我们能够感受到真正的幸福——不论是阅读推广人，还是爸爸妈妈，每个人教育好自己的孩子，本身就是一个点亮了自己，又照亮了他人的过程。

就在我写完《影之翼》这本书后，就遭遇了新教育实验。从2009年元进了教育，一直走到今天。在此之前，我只是捐赠稿费，去支教，只是以作家的身份在行动，其实并没有真正深入地去研究教育。于我而言，教育研究这条路还很长，也有特别的风景。就让我们一起走吧。谢谢大家。

说写创造未来

（2017年11月4日，清华大学附属小学CBD分校"全国第一届童喜喜说写课程高端研讨会"）

亲爱的老师，亲爱的朋友，大家好！

刚才我请上了我们研发团队的伙伴们。尽管他们的故事我早就知道，但是，他们今天能够落落大方地讲出自己的蜕变，讲出自己的故事，我还是特别开心的。

在台上的，是我的一部分伙伴。还有很多，包括在座的诸位老师，还有很多我的伙伴。接下来肯定还会有更多老师加入我们。因为，在2017年9月10号的"喜阅教师"招募中，就有1291位教师参加。所以，我们这样的一个团队，就靠这样的口耳相传，靠一朵云推动另一朵云的力量，走到大家面前。

如果这一次的活动，有什么错误、错失、错漏的地方，我要非常诚恳地说，那的确是我的原因。

但是，如果你们觉得这次活动呈现了一些精彩，请你们一定要记住，精彩源自台上的这群伙伴。

这个精彩接下来会在哪儿呢？就应该是在座的诸位，在你的家庭和尔的工作中。

今天要给大家简单分享一下我这些年做的一点点探索。虽然说我做了这么多年，但是因为这的确是一个很宏大的课题和难题，所以，我涉及的也只是冰山一角。

一、说写让阅读向前一步

在此之前，我是从阅读研究切入教育的研究之中的。2014年，我出了一本书叫《喜阅读出好孩子》。很荣幸这本书得到了专家和读者的认可。这是一本工具书，被很多人运用在生活中。在这本书中，有一篇文章是《读写之间有座桥》。

在我启动"新孩子"乡村阅读公益行、走进了100多所乡村学校之后，为什么越来越坚信我做的这种研究呢？就是因为，我感受到从个人之小到群体之大，我们对这个世界了解得越来越多。

阅读是素养的源泉。那么，在全世界都在推动阅读的时候，我们应该怎样更好地推动呢？这就是我结合自己的经历，尤其是走进乡村学校之后，所想到的问题。

我们的阅读需要更多智慧、更多科学，要更便捷、更高效。这个'效'字，意味着效果要更好，效率要更高。

2005年，我的好朋友李西西和我一起发起"喜阅会"，那个时候只是简单的赠书活动。一直到2017年，应国际少年儿童读物联盟副主席张明舟老师的邀请，我参加了国际少年儿童读物联盟在亚太地区举办的会议，第一次和世界上那么多国家的专家深入交流。了解了他们国家的阅读情况之后，我对儿童阅读的"效果"感到一丝焦虑。

因为我们从前生活的工业时代，其实是一个以物为中心的时代。我们可以发现科学进步飞快，人只有不断学习各种知识，才能成为专家，才能垄断，才能获得更幸福的生活。

可是，当前的信息时代是一个典型的以人为中心的时代。

从现在到未来，我认为教育和写作之间有着一道鸿沟。

大家都知道"庖丁解牛"的故事。一头牛可以切割为很多块，但是把这很多块拼起来，还能说它是牛吗？教育是评论，是解析，它最后达到的效果是解剖牛的效果。

而写作是创作，是创造，是一个点向外的发散。哪吒是怎么重生的？哪吒愤怒之余，把自己的生命还给了父母。然后，太乙真人怎么把他变成真人的？用莲花、玉藕帮助哪吒重获新生，到最后，太乙真人吹了一口仙气。

在我们的教育和写作之中，或者说教育和文学之中，总是缺一口气。正是缺这口气，以至于在教室里面、在家里面，孩子看了那么多的好词、好句、好段，就是不会用。

我自己越研究越发现，这些问题是如此真实而长久地存在着。

之所以我站在你们面前，恰恰就是因为我的人生里面出现了口头作文。所有工作都是一种技艺，技术的技，艺术的艺。在技术的层面我们可以用科学，在艺术的层面我们要靠灵感和悟性。

二、说写的"7种武器"

我们走到了一起,还有上千位老师在全国各地默默耕耘。2017年,来了这样一群人,从一个人的"口头作文"到一群人的"说写课程"。这意味着,我今天有机会把说写的"7种武器",和大家一同分享。

这"7种武器"就如太乙真人的一口"仙气"。我们将其梳理,进行解析。

第一,共情生活。

情感在写作中的重要性,包括在写理科论文方面的重要性,一直都是被我们忽视的。古人说,"情不通则理不达"。所以,我们在情感上需要有三重境界。

第一重境界就是情绪。你看这个人的情绪又不高了,你看你家孩子又闹情绪了。这些都没什么问题,说明他对生活有感情。

第二重是情感。情感是情绪的即时表达。

第三重是情义。有情有义,也就是有共同的价值观缔结一种稳定的情感。

这三重境界,我们最好的引领方式就是共读以共情。

第二,艺术观察。

艺术观察有两个方面。

一个方面是客观。客观分3层。如果我们立足于自己的视角,那么就是从不同角度进行观察;你应该立足于被观察对象的特点;联系社会,这就意味着在观察之中更加有深度。与此同时,请注意,其实我们常常会进行客观的观察,但是更智慧的观察办法是主观的艺术观察。

另一个方面是多类拼搭。如同一个专职艺术家，能够把不同的、平庸的、平凡的、普通的物品搭在一起，让它呈现出共鸣的、艺术的含义。这就是在无声无息中自然而然地引领着孩子。

第三，智慧倾听。

听要客观，去除情绪；听要包容，不要预设立场；听要完整，有耐心先把别人的话听完。因此，听要专注。只有专注，才能根据你的需求和对方的表达，得出两种不同的重点。

第四，逻辑阅读。

我们在口头作文说的过程之中会有导图，那么，在阅读的过程中其实也有导图。

这个导图我们强调两种：第一种是发散式的，就是你看到这一本书，你可以想象出很多；第二种导图是批判式的，就是你看的这本书中有一个问题，能够调动你读过的几本书、几十本书，乃至你生活中的全部经验来对它进行反思。

第五，哲学思考。

哲学思考其实主要指的是全方位、多维度的思考，以此来定义一些所谓的反思和一些站在自己预设的立场上进行的错误思考。所以，在思考之中我们有四个维度要注意，即广度、深度、正向和逆向。

第六，精准表达。

曾经有人问我，是不是说写课程就是说。不是的，说写课程指的是表达。我们的表达语言有很多种，目前我们常用的有绘画语言、口头语言和书面语言。其实，绘画语言适用于年纪小的孩子，通过色彩能够让你捕捉到孩子的情绪；口头语言当然也适用于年纪小的孩子；还有一种语言就是我们熟悉的书面语言。我们在表达之中要强调精准，不说废话。

第七，优美书写。

这是表达的最后层面，内容优美，锤炼词句。不论口头语言还是书面语言，都是可以锤炼的，更别提我们用绘画语言的时候，更应该锤炼了。

同时，在形式优美这一点，中国其实是有着得天独厚的、特别的、丰富的底蕴的，如书法艺术。

我们用这样的"7种武器"对写作进行一个解析，目的是什么呢？其实，并不是说必须通过这"7种武器"才能说写出好作文，而是以下几点。第一，说直接促进写，因为在生活中常常会有很多口语表达非常精彩，但是写不出来的人。第二，出现问题时，可以倒推过来，来找你的问题出在哪儿。所以，这"7种武器"与其说我们用它们去"解剖"别人，不如说我们可以拿它们之中的每一点来对照着检查自己。如果这样做了，那么，你自然而然地就能够更顺畅地说写出更好的词句，并且自己也会在今后的工作中迅速地得到成长。

三、说写的操作方法

父母的时间有限，又该如何更便捷地操作呢？

我们研发出了《童喜喜说写手账》这套书。每本书里都有16组说写作文，其中12组围绕阅读的故事说写，4组围绕观看的电影说写。每组都有7篇作文。这7篇作文不仅有题目，而且还根据作文题目对孩子进行了启发。因此，孩子在阅读过后，自己就可以对照作文题目中的问题出口成章。

四、说写创造未来

我们期待以这样的方式为大家搭建桥梁，让阅读向前进步，以说写创造未来。"读写之间说为桥"，记住这个理念，它一定会为你的教学及生活提供相当大的帮助。因为，这样的课程能够为儿童赋能，能够为父母分忧，能够为教师助力。

今天这个活动，与其说是为我们的课程举办的，或者说为我自己举办的，都不如说是为我外婆举办的。我从小是外婆带大的。我2016年4月回到家给她做90大寿时，我发了这样一条微博："世间一切比不上我外婆的90大寿。昨天，回到老家为她做寿。因为我的爷爷、奶奶、外公都去世了，我就剩外婆这一个至尊的祖辈。"以前，我知道我家境普通，并以为全天下的家庭都和我家一样。近几年，才知道我有多幸运和幸福，所以，我努力推动我所能推动的教育，希望更多的人能够像我这样幸福。因为，一个美好的家庭是幸福之源。

这个活动要献给我的外婆，是因为我的外婆在2017年1月去世了。如果说，我这辈子做教育有什么后悔的话，那么，唯一后悔的就是我做了这个天下最忙碌的义工。外婆去世的时候，我没有在她身边。家里人并不知道我是可以随时回去的，外婆走时他们没有通知我。我到现在一直都是一个义工。义工就是我为你做的一切都是自愿的，而不是我必须应该做的。如果是必须应该做的，那我就是奴隶了。外婆去世后，我经过很长一段时间的心理自我重建，才走到大家的面前。

在这个过程中，团队的伙伴给了我非常多的帮助，尽管他们没有意识到。因为，这种难过的事情，我是不会告诉他们的。

我在自己的生活之中提炼出一个观点——人是同心圆。怎样的同心圆呢？

内核就是自我。一个人一定要有自我，你要学会爱自己。

接着，在自我这个圆外的这圈就是家庭。每个人都生活在家庭里，家里人都是会有矛盾的。人生只有短短几十年，能原谅的都原谅，不能原谅的想办法去原谅。否则我们就不会走到一起了。

在家庭的外圈就是机构、团队。你所在的一间教室，它本身也可以成为一个精神的家园。只要你愿意，还可以把更多的爱倾注其中。

当然，这样还不够，在机构、团队之外的这个圈是国家。

国家的外圈就是人类了。史密斯先生说过一句话："万国之上，犹有人类在。"

人类就够了吗？人类不可以单独生活。在人类之外，我们和动物、植物共同组建了地球，地球之上有天地。在人类的外圈就是天地。

天地之外，还有浩瀚的宇宙，茫茫的时空，我们又算什么呢？所以，这个同心圆的最外圈就是宇宙了。

我的外婆30多岁守寡，一人带大了3个女儿、1个儿子。外婆的儿子就是我的舅舅，他先于外婆走了。外婆走时，留下了一句话："就这样，很好的。"

今天，我给你们分享我外婆的故事，是因为我们的血脉绵远流长。这正是墨子所说的："兼相爱，交相利。"

《十八年新生》这本书是我的首部纪实文学作品，一个伙伴看过后写了一个书评："你要给我爱，但是我不想要你的爱，因为你的爱我没有什么可以拿来回报你。"

亲爱的诸位，如果你能够从我这里得到爱，我希望你能够回报给你爱的那些人。你可以更好地爱他们。因为，我们在这样的一个世界中完全可以"兼相爱"，互相之间相亲相爱，互相之间促进对方更好地创造更大的价值。这个价值就叫作利。

我们如何创造未来？我想，说写课程最起码可以做这样两件小小的事情：

第一，预防亲子代沟。因为，我们非常注重长辈说，晚辈听。但是，现在是后喻时代，恰恰是年轻人有更多的知识可以教给老年人。所以，互动可以让家庭更加和谐。

第二，弥补城乡差异。城乡之间的差异也可以通过说写这门课程得到弥补。通过这样的科学方法，即使你在家里，你的精神也可以畅游八方。

最后，我要送给大家一首诗，在外婆去世的那天我写下了这首诗，是这些我想对外婆说的话鼓舞着我走到了今天：

《如果给我一间教室》

——献给我不识字的外婆

如果给我一间教室，

我脚下的土地，

就是我的祖国！

是啊，泥泞油黑，

可是，耕耘者，有我！

种出最美的花！

育出最甜的果！

如果给我一间教室，

我身边的人们，

都是我的萤火！

是的，太渺小，不够温暖，

可是，来吧！照亮我！

志强必智达！

言信而行果！

在这间教室里，

黑与白，美与丑，善与恶，

是我，都是我。

我是万物！万物有我！

把根扎到人性深处，

拔节，以泪当雨，滋养欢笑！

拔节！因拔节痛楚高歌！

如果给我一间教室，

亲爱的人，人，人们啊！

大人，孩子，黑色，白色，黄色的。

人们啊，你们从不认识我，

然而，你们，才是我的祖国！

从每一个人中，我看见我！

就这样吧——

天地一教室！

暴风！烈火！谈何寂寞！

那就在这间教室里，

从我，到我们，

终成自我！

自由地劳作！

自如地生活！

来！来吧！创造未来吧！

让时间，让人类，去收获！

信息时代和后现代主义双重困境下的家教回归

（2018年4月17日，北京国际会议中心，中国教育学会2018会员日暨新技术支持未来教育展示观摩活动）

不同的时代，人们会面对不同的处境，家庭教育也有不同的难点。我们正处于一个转型的时代，因此，面对的不同更多。

一、不同时代的教育特征

美国人类学家玛格丽特·米德，在她的《文化与传承——一项有关代沟问题的研究》一书中，就人类的文化传播（交流沟通）发展历程提出了3个阶段的概念，即前喻文化时代、并喻文化时代、后喻文化时代。

文化传播，我们从某种意义上讲就是一个大教育的概念。教育，当然包括家庭教育，而我们的家庭教育不可能像学校教育那样细分为语、数、外、物、化、政、体、美等，因此家庭教育更重要的是文化的濡染。

我们将前喻文化时代与历史进程简单地对应一下，可以把它视为农耕文明时代，也就是农业时代，那个时候学习的方式都是长辈传授给晚辈，晚辈向长辈学习，譬如种地、种田、收割、打猎，这个必须是长辈教给晚辈。

到了工业时代，我们常常说起代沟，工业时代其实就是一个并喻文化的时代。这个时候的文化和教育是长辈、晚辈、同辈相传。这个同辈还包括同业相传，因为在工业时代，每隔一段时间科技进步就会刷新一次，就意味着我们整体的知识结构之间会出现很多的壁垒。我们常常说的代沟，就包括专业和专业之间的壁垒。

到了我们当下的信息时代，简单地对应后喻文化时代，也就是现在学习的方式，其实是晚辈传授给长辈，长辈向晚辈学习。我们在家里是不是经常教给父母一些新知识新技术，是不是认为父母老了？你再想想，任何一个软件，给你和你的孩子同样的时间，是你学得快，还是你的孩子学得快？这是一个最简单的例子。在我国，还有一件不容忽视的事实，那就是缺乏文艺复兴到后现代主义中间的现代主义的过渡。文化传承的断裂，导致我们的社会常常会呈现出碎片化撕裂的一面。

所谓现代主义，有一个学者认为：第一是对传统风格进行巧妙的反抗。第二是对内心世界的探索。现代主义的特点是建构。

第二次世界大战之后，人类发现科学文明并没有带来幸福，反而用两次世界大战向我们证明了人类互相残杀有多么的野蛮。在那样的状况之下，人类开始回归生命本身来反思一些问题。

后现代主义，则是一个解构和重构的过程，尤其在中国，后现代主义绝对是一个正在解构的过程。后现代主义有它的优点，表现为对特权的抨击，对边缘化的关注，但是也有它更为激烈的一面，那就是对差异化的迷恋，对多样性的追逐，对普遍性的解构乃至推翻。

从现在我们的家庭教育方面看，我就把它归纳为两大类的影响。

一类是后现代主义会产生好的影响。它会呈现一个开放式的家庭，这种开放是多元的、平等的、包容的和谐共处。

另一类是后现代主义所产生的副作用。它会形成一种碎片式的家庭。这里的碎片，既对应着信息时代的碎片，也对应着情感上的碎片。也就是家庭成员中，尤其是在孩子对和父母的交流中，孩子在反抗父母的特权，但是孩子的精神生活并没有组成一个足以支撑他的支点，因此会出现生活的碎片化，精神上没有引领，感情上淡漠，并且人的意义感缺失。

二、信息时代的家教观

意义恰恰是我认为在家庭教育之中要特别关注的一点。因此我在这提出过家庭教育观的9个方面，也就是9个观点。现在跟大家简单地分享一下。所有这些观点来自我出版的一本书——《新父母孕育新世界》。

第一，新家庭观。

以精神的纽带超越血缘的联系成为精神的家园。我们强调血缘关系当然是正确的，可是为什么文明国家或者发达国家的家庭，他们在没有孩子的时候更愿意去领养，而不是四处求子，千方百计要生育一个与自己有血缘关系的孩子呢？其实这反映的就是一种更重视物质，还是更重视精神传承的生活态度。我国因为文化断层没有经受人文主义的洗礼，导致对血缘关系特别地重视，忽视了在精神层面上更深刻的交流。

第二，新生命观。

新生命观是以物质存在彰显本质的意义，以精神创造超越物质存在。

也就是说，我们的身体当然是第一位的，这是生命存在的要义。可是身体的存在是为了什么？是为了精神道义的传承，从而在一个家族之中绵延不绝，超越生命的存在。这就是意味着为什么有很多父母非常希望把自己的一切都提供给自己的孩子。这个从正面的意义上来说，它是有积极意义的，也就是父母的精神的力量，希望通过孩子得以传播。

当然，因为我们没有一个正确的生命观，也就导致了更多的父母只是用这样的方式让自己的孩子来实现自己的梦想。这就是消极的、不正确的地方。

第三，新生活观。

新生活观，是以幸福为宗旨，点亮自己，同时照亮他人。

家庭之中，什么才是幸福？不是说爸爸事业有成，给妈妈许多钱，这就是幸福。恰恰相反，作为爸爸以及作为家庭成员中的每个人，不管是大人还是孩子，他不断成就自己，提升自己的时候，也就是点亮自己。那么，在这个状况之下，自然而然地影响着家庭之中其他人。

第四，新育人观。

新育人观，是以自我挑战为路径。什么是以自我挑战为路径？因为在当下的教育之中，面临着后现代的围剿和信息时代的困境，要特别强调一个人的自我。对自我的挑战导致每一个"自我"不断地学习、创造，才是育人的最高境界。

第五，新儿童观。

现在的孩子很辛苦，但其实现在的父母更辛苦，所以我说以平等为基石，不仅仅是我们要平等地对待孩子，而是父母和孩子之间应该平等，我们既不倚老卖老，孩子也不以小欺大。

所以，在这一点上解放父母就是解放孩子，也只有解放父母才能解放孩子。当然这个解放是以相当多的科学教育方法为基础的。

第六，新亲子观。

新亲子观，以儿童为师，不断叩问本源而共同成长。

所谓的以儿童为师，其实蒙台梭利早就说过："儿童是成人之父。"

所谓叩问本源，恰恰就是在我们这样一个物质生活逐渐越来越丰富、信息越来越繁多的时代，我们应该叩问自己的内心，也就是像孩子一样纯粹地没有患得患失的思考，去想一想自己本质上需要的是什么。比如说，你买车到底是为了交通的方便，还是为了在你的同事面前炫耀？

这样的一些叩问，应该成为一个现代人，尤其是现代中国人的本能。

第七，新文化观。

新文化观，以个性整合取舍中外文化。

我们现在正处在一个重建自信、重建民族文化自信的时代，其实重建我们的自信是有个性的，我们每个人，从自己的路径出发，取舍古今中外文化，而不是不分良莠地照章办事。比如说，我们传统文化中的二十四孝、郭巨埋儿、老莱娱亲等，应该是被现在新家庭教育观所摒弃的。

第八，新科学观。

新科学观，让科学成为新父母的钢筋铁骨。

科学教育分为科学的精神、科学的素养、科学的方法、科学的技能等。只有这样的科学才能激发我们的创造，让社会有真正的发展。

第九，新发展观。

新发展观，激活当下，拥抱未来，让家庭超越时空延续。

让家庭超越时空延续，听起来很遥远，其实一点也不遥远，并且也是我们中国古人事实上一直在做的，只是我们在信息时代和后现代主义的冲击下，可能有所忽视。

我曾经提出来一个观点，叫作"元家庭"的灯塔效应。

什么叫作"元家庭"？就是每一个普通的家庭，祖上从来没有出现过达官贵人或者文化名流，我们都可以通过点亮自己精神生命的灯塔，让我们这个家庭在当下稳稳地站立起来。一旦我们在当下站立起来，传承下去，我们的家风、家教、家训等，就会就像灯塔一样，超越时间和空间，给我们的后代以引领，而且这种引领绝对不仅仅是物质上的，更多的是精神上的。

所以，在新发展观里，特别强调从新家庭到新家族的演变。

家庭是社会不可或缺的组成单位，由父母子女组成，生活在一个空间，是幸福生活的一种存在；家族，我在这把它的定义稍微修订了一下，指的是时间上的一种延续，也就是你的祖辈和子孙。

新发展观，就是希望我们从当下的空间到久远的时间，横向、纵向，都有所考虑，这样就能够让每个家庭有更高的追求。

三、新家庭教育的重构

我们现在常常说价值意义，到底什么是价值，什么是意义？我觉得在新家庭教育重构之中，要特别注意经度和纬度，编织起来才是一个有价值、有意义的家庭教育。

价值，其实更多指的是可以量化的物质，是一种普罗大众式的存在。客观而言，大家评价一个人都有一个可以量化的标准。比如说，你这个人很有价值。

那么意义是什么？意义从情感的维度上来说就是爱。你可以没有钱，但是你却同样可以拥有爱——这就是所有生命都可以具有的意义。因此这个意义指的是个性的标准，是一个人对自我的评价。

只有在价值和意义双重丰收的基础之上，我们才可能形成一个真正理想的家庭。从原生家庭到新家庭，再到一个家族，这样从时间到空间的纬度延绵，才形成了我们中华文化、中华文明的源远流长。

这样的重构，我认为就是要让每个家庭、每个人都有机会在熟悉的地方创造出人生的风景。

我们现在常常说诗与远方，这句话指的是我们要追寻理想。可是，家庭永远在你的身边，你走到哪里，家就在哪里。所以，家的意义在久远的时空之中绵延流传，是一种属于普罗大众的平凡幸福，同样也是属于精英群体必然渴望的家庭幸福。

我们现在走在一个时代的十字路口，我们常常把幸福和成功割裂开来。有的人说，你那么追求成功，你的家庭肯定不幸福；有的人说，我家庭幸福了，我何必要追求成功，我们一家人就住在这么一个小小的房子里就很好。

其实这些都是有失偏颇的。因为普罗大众与精英群体，在自我提升之路上是并肩前行的关系。

对这样的新家庭教育的重构，我要说4点。

第一是共读。

为什么我还是要把阅读放在第一位？因为在信息化的时代，阅读能力才是真正的自学能力，也是一个人成长的根本。

没有阅读能力，在信息时代，你活得再好都只是一个"傻子"，只是被动地去吸收信息，享受信息，而不能够创造。

第二是共赏。

多重丰富艺术生活，艺术生活其实也是生活的艺术。我们现在的共赏包括很多，即便是你手里常常玩的那个游戏，其实也是可以共赏的一部分，关键在于"共"字，而不仅仅在于"赏"字。

娱乐是人类最根本的需求之一。我们常说家庭教育要寓教于乐，如何把"乐"和"教"、"赏"和"共"联系在一起是关键。我们家庭中有很多共同做的事，如共同吃饭，共同看电影，共同玩游戏。所以，这样的一些"共"字才是我们家庭教育要注意的一个根本。

第三是说写。

"说写"这个词是我自己创造出来的一个概念。

我生于一个普通双职工家庭，我的家庭非常普通，甚至可以算得上贫困，但我从小接受了一种叫作"口头作文"的训练，然后才有了现在的成就。比如说我手里拿的《新父母孕育新世界》这本书，我仅仅用了

10天的时间就写完了，其中绝大部分内容是说写出来的。

所以，在这里我要特别跟你们说"说写"。这种说写方式，能够非常简单地在家庭成员之间进行互动，能够让你以说为写，出口成章，平等交流。

这个时代已经为我们的说写提供了便利易行的条件。2017年11月4号，我们在清华大学附属小学CBD分校开了一个研讨会，就是对我们的说写课程进行的研讨，当然其中也包括书写的家庭课程的研讨，受众应该说有10万名老师和学生，取得了非常好的效果。

所以，我特别希望大家能够把"说"这一点放在家庭里面，成为一个中心。无论是共读还是共赏，这个"共"字都是以说的方式来进行的。

第四是叙事。

说写训练的是出口成章；叙事则是在说写之上的再丰富。

说写运用软件可以转化为看得见的文字。但是，我们在生活之中，不管是视频，还是照片，还是其他的一些小票据之类的，这些都应该成为我们创造家庭文化的一些载体，也只有这样用叙事来营造我们的家庭文化氛围，才会出现灯塔效应；才会出现我在这提出来的一个观点——家庭是物质生活的基础，但更是意义孕育的根系。因为家才是诞生爱最根本的地方。

四、新家庭教育的原则

在时代困境之下新家庭教育的原则，我个人强烈地建议应该围绕这两句话进行：自主学习、自我教育。无论大人还是孩子，都应该以此为根本。

把这一切方法进行简单的归纳，可形成这样的一个概念：智慧爱。

大家都知道，智慧更多意味着理性，爱则更多意味着感性。我们可以引申把智慧指向科学，爱则指向人文。"智慧爱"这一词组，是将情与理交融，对爱进行界定，以避免那种打着"我都是为了你好"的爱的旗帜下的伤害。

如果我们对孩子、对他人、对世界，都是以智慧爱的状态去面对，那么我们眼中所见、心中所想的世界就会成为"同心圆"：内核是自我，不断扩大为家庭、机构（团队）、国家（民族）、人类、天地、宇宙的同心圆。

这样的一个同心圆，它与中华文化源远流长根本原因相对应，同时也指引着我们在经历后现代主义的冲击与信息时代的繁杂信息轰炸导致的迷茫之后，应该从事的一些探索。

我特别希望，新家教的回归，能够用智慧爱画这个同心圆，从而让我们每一个人都能够在成就自我的同时，创造一个幸福的家庭。更重要的是，通过传播这样的家庭教育，能够让我们有一个更加幸福的世界。谢谢大家。

信 而 行

（2018年7月17日，北京，第13届全国青少年冰心文学大赛年度颁奖大会）

亲爱的大伙伴、小伙伴：

现在是夏天了，夏天有一种小虫子，叫萤火虫。

现在萤火虫越来越少了，见过萤火虫的应该说是很幸运的孩子。但是，没有见过的人，有没有在电视、电影里见过？

萤火虫有一个特点——它会发光。今天，我就想给你们讲一讲萤火虫的故事。在古代，大家认为萤火虫是一种非常神奇的虫子，认为它们是草腐烂之后，从那些腐烂的草堆里出来的萤火虫，所以有一句话叫作："腐草为萤，生生不息。"

为什么我要给你们讲萤火虫的故事呢？

因为我们为了文学来到这里。既然有写作，自然就离不开阅读。

阅读是什么呢？阅读就是不断地把外部的东西放到自己的内心，就像在黑夜之中的萤火虫，被人看见你的美丽，也就是点亮自己。

那么写作是什么呢？写作相当于不断地对外界说话，说出你们心中所想，然后，你们的爱、你们的美、你们的光芒就会照亮世界，就是照亮他人。

我要给大家讲萤火虫的故事，告诉你们这个"点亮自己，照亮他人"，也是因为我自己在文学的成长之中，有一段不一样的经历。

我是一个作家，从二十几岁开始就是我们省作家协会的专业作家。然后，在前些年，我走上了一条不一样的路。

有一天，我偶然看到了一本儿童文学，是一本中国儿童文学作家写的故事。这时，我才知道，原来儿童文学是这样子的。在这之前，我一直都以为儿童文学是像安徒生或者冰心写的那样的。当我看见这个故事之后，觉得这个故事很简单，我不是也能写吗？

我就许下了一个心愿——写一本儿童文学。

因为我第一次资助了一个小孩，然后失败了，所以，我再写一个孩子的儿童文学故事用来做什么呢？自然就是想再次帮助失学的孩子。

就这样，我写的这本儿童文学出版了，叫《嘭嘭嘭》。我用这本书的稿费，资助了30个失学的小孩。

就这样，因为这本书，我去了山区支教，又过了若干年，我还走向了大伙伴——老师的队伍之中。因为我和一群人组成了一个团队，名字就叫新教育萤火虫义工团队。这些年来，前前后后有上千位老师，90%以上是来自全国各地的一线老师，他们带领着全国各地的小朋友阅读写作。"点亮自己，照亮他人"这8个字就是萤火虫义工团队的宗旨。

所以，我想把这8个字"点亮自己，照亮他人"，送给我们的大伙伴——各位老师朋友们。希望我们今后能有更多的联系，以阅读点亮自己，以写作照亮他人。

那么，今天我要送给我们小伙伴的就只有一个字，现在先来考考你们：刚才我们最可爱的"80后"吴青老师，给大家送了3个字，人、爱、信。

在这3个字之后，我要送给大家一个字。因为，不管是阅读、写作，还是人，还是爱，还是信，我们都需要这个字，来完成这些工作，这个字就是——行！

"你能行"的"行"，"行动"的"行"！

萤火虫怎样才能够点亮自己？就是用这一个字，来完成"点亮"的工作。

我们中国曾经有一个大哲学家，又会写文章，又能打仗，当年，日本人入侵中国，他把日本人打了个落花流水。日本人都说："我们谁都不怕，就怕这个人！"这个人叫王阳明。王阳明说过一句特别著名的话，叫作："知行合一。"

可是现在，我们知道得太多了。所以，刚才我们的吴青老师特别提醒大家有一个字叫作——信。

你知道了一切之后，你还相信什么？你相信什么，那么，就请你去行动吧！

你有了更多的行动，才能够从生活之中提炼出自己更多的精彩，才能够用你的写作，把阅读生活和你自身热血沸腾的生活紧密相连，你才有可能"点亮自己，照亮他人"。

用阅读，点亮自己，用写作，照亮他人，你行不行？

谢谢大家！让我们一起行动！

童书孕育未来

（2018年8月31日，希腊雅典"第36届国际少年儿童读物联盟（IBBY）世界大会"）

一个人，叫"我"。人类，叫"我们"。

但这只是从成人视角来看。从儿童视角来看，并非如此。

在成人眼中，"我"拥有什么，是非常重要的。有太多成人为了"我"拥有得更多，而努力奋斗着。

在儿童眼中，"我"和"我们"是很难区分的。年龄越小的儿童，不仅"我"和"我们"很难区分，甚至"我"和世界都很难区分。在一个婴儿看来，自己和世界简直浑然一体。

所以，把成人和儿童相比较，成人意味着"我"，儿童意味着"我们"。

非常可惜的是，儿童成长的过程，也是一个不断社会化、成人化的过程，也是一个由"我们"向"我"转变或者退化的过程。

有学者指出，人类的文化传播，从前喻时代进入并喻时代之后，如今已经来到后喻时代。在后喻时代里，文化传播的最大特征是晚辈教给长辈，长辈向晚辈学习。

从这个意义上说，"向儿童学习"这句话，在后喻时代，已经不再是成人故作谦虚的一句口号，而应该成为一个成人比照儿童，客观审视自身的有效途径。

儿童和成人的确有许多不同。其中有一点我认为特别重要，就是对"我"和"我们"的不同定义，导致对自身的不同定位。

对照我自己，身为专业儿童文学作家，在我的作品乃至我的人生中，都能够非常鲜明地看出"我"到"我们"的特点。

我写的第一部，也是最快的一部儿童文学《嘭嘭嘭》，用了6天，11万字，写一个儿童变成隐形人的生活，所有一切都围绕着"我"展开，写的是"我"。我写得最艰难、也是最慢的儿童文学《影之翼》，与《嘭嘭嘭》的篇幅大致相同，用时5年，写于"南京大屠杀"这一段特殊历史背景之下，一群特殊儿童的生活，写的是"我们"。通过这样的写作，我完成了自己思想、情感上的"我"到"我们"的一次蜕变。

完成《影之翼》后，我迅速全身心投入阅读推广等公益工作及说写课程等教育研究行动中。我做的一切，本质一致——用行动呈现思想上"我"到"我们"的蜕变。

于是我又发现，儿童文学写作其实是"我"，因为这是我独立完成的事；这些年来，7000多场阅读推广等公益活动和一系列深入的说写课程研发，就是"我们"，这是我和伙伴们齐心协力的工作。

当我在事务工作中遇到困难时，只要回到儿童的原点，以"我们"的视角去看一看，几乎所有问题都可以迎刃而解。

所以，一个儿童，一定会很简单、很清晰、很准确地理解什么叫"人类命运共同体"。

因为，一个人的命运，就是"我的命运"。所有人的命运，就是"我们的命运"，也就是——人类命运共同体。

人类命运共同体，在工业时代还只是一种理想。工业时代里，科学技术迅猛发展，导致一方面人类生活境遇得到极大改善，另一方面也形成各种鸿沟，让不同人群之间，造成彼此交流的各种障碍。

走进信息时代，人类命运共同体，已经不再是对理想的描述，而是在勾勒出我们现实生活中已经存在的这种状态——全球化、信息化的世界里，人类应该有新的思维方式，才能创造更美好的未来。

只是，除了工业时代中的思维惯性，人类还受到各种局限：在漫漫的时间长河里，个体的人生命非常有限，在茫茫人海中，个体的人非常渺小，人们习惯了人类被不同的标准区分和隔离，也习惯了以不同的形式孤独地存在。

从人的命运，到人类命运共同体，"我"作为个体，如何超越这种孤独的存在，以合力创造更美好的未来呢？

我想，莫过于两点——整体化思考，个体化行动。

以"我们"的思维方式进行全面的思考，对信息进行整合；以"我"的行动方式主动担当，在不断前行中创造美好。

向儿童学习，才能创作出真正体现儿童精神的童书，才能哺育出一个又一个自由、自律、自新的儿童。

杰出的童书，一定会体现"我"的个性和"我们"的共性，孕育的是我们人类共同的未来。

家校社共育的常见误区和对策

（2018年10月14日，中国教育学会全国2018家校合作经验交流会议）

最近这10年来，我一直在做家校共育的公益项目。在项目中，跟我有密切联系的在全国就有数千位校长、老师。所以，我今天跟大家分享的内容叫作《家校社共育的常见误区和对策》。如果我讲的对你有一些启发，你一定要知道，那是我从一线，从和你一样的人的生活中总结、提炼出来的；如果我讲的有不当之处，那就是我理解的还不够。

一、家校社共育的误区

我曾经写过一本书叫《新父母孕育新世界》。在这本书中我提出来了家校社共育的误区主要有这样的7条：冷漠化、风险化、集群化、功利化、公共化、物质化、碎片化。这样的7个"化"，每一个都可以衍生开来。

但在今天，我想更多地从实践层面上来讲。实践层面的常见误区，我列出来有这样几条：重活动轻日常，重主导轻主体，重成人轻儿童，重家庭轻社会，重专家轻大家，重叠加轻整合，重财物轻人才。有这样一系列的"重"和"轻"，就必然会导致一系列不良的后果。

一旦重活动轻日常，我们就会把活动等同于效果，我们非常辛苦地做了很多活动，却很少有时间停下来、静下来想一想我的活动达成了什么目标，现在的效果好不好。我认识一位校长，他非常棒。在一个乡村亲自挂帅推动新父母新学校将近2年，但没有什么效果，原因便出于此。

一旦重主导轻主体，就会把教师推上家校社共育的"前线"。当然，从我们教育工作者的担当精神来讲，我们都是这样要求自己的，可是，这样做真的对吗？会有效果吗？

一旦重成人轻儿童，我们就会把儿童视为教育的对象。这好像是更应该的，无论父母、老师，还是全社会，我们都认为自己有能力而且有责任教育孩子。在家校社共育这一点上，这样做真的就对吗？

一旦重家庭轻社会，就会出现社会资源闲置的情况。我们的学校现在有了占GDP 4%的拨款，从表面上看，日子都比以前要过得滋润。当我们有更多的梦想要去实现的时候，又想过如何利用这些社会的资源吗？

一旦重专家轻大家，我们又会遇到什么问题呢？把专家视为最好的资源，这本来也是对的。专家是专业地研究某一领域的人才，在学校里，在一线的家校共育之中，我们最好的专家真的就是一些仿佛是从天而降的、戴着光环出现的人吗？

一旦重叠加轻整合，我们就会把事越做越多。我们把共育视为独立的工作，我们说家校社共育，这是一个独立的事情吗？我们越是重视它，越是会习以为常地把它交由一个人专门来负责，可专门来从事这些工作的推动真的有效果吗？

一旦重财物轻人才，我们就都一致认为做事必须要有钱才行。尤其是在学校里面，我们不愁没人，愁的是没有钱。但是，经费有保障，就真的可以如愿推动吗？

我逐一来说。

第一，把活动等于效果，结果导致我们活动多，收效可能会因为活动增多而减少。因为你不是以结果为导向，这样的事情对于专家来说是没有问题的，但是对于一线来说问题非常严重，那就是劳民伤财、得不偿失。

第二，让教师不断做一线的指导，那就意味着教师首先是增加工作量，而不是减轻重负。我一直有一句话"教育减负要从给教师减负开始"。我们之所以能够真正地推动家校社共育，就是依靠多方合力。

第三，把儿童视为教育的对象，家校社合作共育中，儿童角色在哪？我们常说，我们要尊重孩子的个性化。那么，我们的家校社共育的工作有儿童的个性化吗？

第四，把社会资源闲置。在座的诸位，你们已经有了非常多的优秀案例，直接把案例打印出来，在向社会机构，尤其是向相关的妇联、关工委等机构去推荐自己的时候，你其实可以得到非常多的帮助，而且都是政府部门的帮助。因为，政府部门工作人员除了是办事员，还有一个身份就是父亲或者母亲。

第五，把专家视为最好的资源，就意味着，经济上必须有保障。同时，专家离开了之后，他们所提供的那些理论和方法能否真正接地气，更重要的是在学校里面如何落地。所以，我要特别向大家说明，在学校里的每一位老师，每一位父母，都是专家。因为，他们就是我们的榜样，身边的榜样会更有说服力。

第六，把家校社共育视为独立的工作，这是我们常常保证一项工作的非常有效的手段。在这里结合着最后一点来说，就和把经费视为保障一样，家校社共育更需一种理念的改变，以及所有教育环节提倡的一种平等、互助的行动。

如果我们的理念改变了，那么家校工作就会有以下的几个改变。

二、家校社共育的对策

以教育工作者的身份推动家校共育工作的人们，千万不要忽视两类人——父母和孩子。

第一，父母才是有效的关键。

为什么刚才讲那个故事？因为校长告诉我，他自己亲自挂帅相当辛苦，而且行动之后没有效果，所以很气馁。

其实，校长亲自挂帅没有效果，恰恰是因为他是校长。我们现在很幸运又不幸地生活在一个物质不断繁荣、心理缺乏沟通的环境中。而没有基本教育素养的某些父母会认为，你们学校要推动家庭教育工作就是要偷懒，你作为学校做什么？你把工作都推给家庭了，我还要你做什么？

所以，在这种状况之下，无论是学校里的组织，还是政府里的机构，所有家庭教育方面的职务，最理想的是由父母来担任。这是一个非常简单、非常有效的秘籍。简单地说，同样的话用老师的嘴巴说出来不管用，但是由父母说出来却管用。父母们的境遇是相同的，思考的方式、方法都容易沟通。把父母作为主角推上台，才是有主人翁的意识。

第二，儿童推上台，家庭教育才能够做到创新。

现在教育竞争非常激烈，家庭教育的各项工作也很激烈。如何在各种活动中让大家注意到自己举办的活动？这里给大家推荐一个小帮手，就是儿童。我们的儿童不仅是受教育者，更在和我们一起定义着这个世界。

蒙台梭利说过，"儿童是成人之父"。前些日子，我在哈佛大学的中国教育讲坛上做了一个发言，题目是《让世界听见儿童的声音》。我们在各种活动中多听一听儿童的需求，通过组织架构把儿童、父母、老师三方联动起来，不仅会使我们最后的结果更加有效，也可以听到儿童一些有创意的活动策划，还能得到更多的启发，让你的活动更丰富有趣。

实际上，做家庭教育的困难绝不亚于学校教育，而且也不是一蹴而就的。父母们热情很高，"鼓动"容易，真正做起来很难。所以，我提出了"家庭教育课程化，课程目标技能化，技能培训习惯化，习惯养成游戏化，游戏娱乐生活化"观点，这是一个完整的循环。

今天，不能给大家完整地讲这个循环，我就只讲几句话，其中的一个要点叫整合。我着重给大家介绍一个小方法，这个方法是我从一位一线的老师那里听到的，然后我对其进行归纳总结并修正的，把它叫作"家庭好书展"。

不管是学校，还是一线的老师，都可以用10分钟的时间做好这个活动，甚至可以天天做。怎样来做"家庭好书展"？步骤如下。

第一，交书。

要求全班学生的父母交上自己家最好的那本书展览，告诉他们展览之后是会把书完璧归赵的，避免让父母觉得书交上去就是家里的损失。这是第一个环节，需要1~2分钟。

第二，选书。

选书的标准是什么？喜欢什么书就选什么书。选完了，你用2~3分钟时间浏览一下，然后就可以开始说书了。

第三，说书。

先宣布即将举办一个活动，在班会课或活动课上都可以直接进行。把全班的父母邀请到教室里，桌子拉开进行好书展览的时候，注意要邀请两三位父母到台前来，讲述他们这本好书是怎样来的，好在哪里。

一般的父母不会讲，你一定要要求他讲3点：

1. 自己为什么要买这本书。

2. 孩子读这本书前后的改变。

3. 家庭是怎么读书的。

这3条意味着什么呢？第一，别的家长也可以去买他们的这本书。父母推荐往往比老师推荐更管用。第二，读书前后的改变，说明这本书是有用的。第三，别的家庭是怎么读书的，这也体现了别人家做家庭教育工作的方式。

家庭教育其实是一个黑匣子，我们关上门，谁也不知道别家是怎么做的。但是，家庭教育的结果是老师们接手的已经是半成品的孩子。我们都知道，一个孩子，或者说所谓的"后进生""学困生"，在怎样的情况下会被"吻醒"？是对他付出更多的关心，还是不用管他？每个教育工作者都知道，在这样的状况下，肯定需要更关心他。所以，把这样的过程展现在更多父母面前的时候，父母们会看到教师的真实工作。

而在这样的展示中，平时表现优秀的学生的家庭教育是怎样做的，也自然而然地展示了出来。一个班级里的榜样父母说的话比任何老师说的话都要管用。而老师需要做什么？老师就夸奖这个父母、这个孩子、这个家庭就够了。

这里用的就是亲子共读的方法，这也是我特别推崇的一个途径。在教育中，有两个特别有力的环节，我们一直没有充分地运用：一个是家庭，一个是阅读。

我要特别强调的是：我们在家校共育中如何做得更好？那就是强调深度融合。家校共育，可以渗透在所有教育环节中。理念的改变，所有环节都可以让父母、让社会来参与，强调多方呼吁，特别要尊重儿童的权利，强调智慧，根据体系框架，共同学习成长。

我们在家庭教育工作中，一定要有体系的框架，才能够有一个长期坚持的、明确看见效果的过程。那么，强调地位平等，各方均主动提供相关的各类知识。在这样的基础上，会诞生很多方法和技巧，不管是区域，还是学校，都能够根据自身问题、当下处境，进一步有所发展。具体的方法和技巧，大家有兴趣的话不妨读一读我写的《智慧行动创造教育幸福——新教育十大行动理论与技巧》。我真的没有想到，这本书在出版后，很长一段时间都是当当网的社科类的教育图书热卖榜第一名。

所以，我特别深切地感觉到，我们的教育工作者不是需要更多的理论，而是需要更具体的方法。有了更多的方法，我们才可以牢记目标的一致性，确保地位的平等性，实现合作的开放性，探索方法的多样性，坚持行动的长期性，达到效果的互补性。

以上这一切，其实并非梦想，就是我们现在可以做，甚至是很多人正在做的。期待我们接下来有机会一起合作，一起前进！谢谢大家！

新家风鼓起信息时代家教之帆

（2018年10月28日，中国教育学会，2018家庭教育学术年会暨第四届全国家庭教育国际高峰论坛）

今天，我跟大家分享的题目是《新家风鼓起信息时代家教之帆》，讲的是本人关于新家风的养成原则与技巧的一点思考。

一、信息时代的特征及对家庭的影响

什么是信息时代？信息爆炸，爆炸在哪里？

首先，让我们来看这样几组数据：《纽约时报》一周所传播的信息量已经大于18世纪一个人一生之中接收到的信息总量；当今世界一年半的信息总量，比过去5000年的总量都要多；有学者还进行过一项有趣的研究，2014年以前网络上所有的信息量，比全世界沙滩上的沙子还要多。这是我们信息时代的一个大的背景。

我们对自己生活的这个时代研究得太少。这样一个时代背景，导致的是我们的文化传播，或者说我们的教育，在本质上发生了巨大的改变。

开放式家庭在后现代主义思潮下，是以反抗父母威权、精神生活多元为标志出现的。但是，碎片化的家庭中，家庭意味着生活碎片化、精神沉沦化、情感淡漠化、意义缺失化。

二、什么是新家风

百度百科上，对于家风有这样的定义：家风又称门风，指的是家庭或家族世代相传的风尚、生活作风，即一个家庭当中的风气。家风是给家中后人树立的价值准则。

我在这里对新家风做了一个简单的定义，我认为：新家风，指的是家庭或家族之中通过不断反思而稳步创新，从而生生不息、绵延不绝的文化风尚、家庭风气。新家风是家庭或家族中由先辈、长辈、晚辈共同树立的价值准则。

我们也正好说到了价值，这样一个价值怎么才能共同树立呢？如何能够出现不断反思、稳步创新？如何生生不息、绵延不绝呢？我认为就是通过以下四个方面来成达的：东方和西方的融合，先辈和后辈的融合，男性和女性的融合——这三个方面都能够比较清晰地看见很多人在努力做到，但是还有关键的一个方面——成人与儿童的融合，我们怎么做的呢？

在我们的新家风里，儿童的声音在哪里？如今有的父母懂得去倾听孩子的声音，这样家庭里的家风，是由父母和孩子一起塑造并最终共同创造出来的。因此，这个家庭中美好的那一面，我相信一定会通过孩子继续传播、传承。这样才是我认为的新家风之所以能够鼓起信息时代家教之帆的根源。这样的帆，只有通过新的方式创造出来的新家风才能远航。

三、新家庭教育观

那么，新家风要传播的当然是一整套的观念，我提出过9条新家庭教育观。

1. 新家庭观，以精神纽带超越血缘联系，成为精神家园。比如，家里有一位早出晚归的爸爸，他没有被孩子看见，但是，因为妈妈在那里告诉孩子"爸爸是亲了你才去睡觉的"，这就是精神的家园，而不是我天天要看见你。

2. 新生命观，以物质存在彰显本质意义，以精神创造超越物质存在。身体是精神的基础，精神是身体的超越。

3. 新生活观，以幸福为宗旨，点亮自己同时照亮他人。我们不提倡牺牲，但是我们提倡主动承担责任，当我们主动承担责任时就是点亮自己，自然而然地也就照亮了他人。

4. 新育人观，以自我挑战为路径，人是一个同心圆。不管父母，还是孩子，都应该自我挑战，挑战更好的自己。

5. 新儿童观，以平等为基石，解放父母和孩子。请注意，我先说的是解放父母！因为当我们平等对待孩子，当我们的理念有所改变的时候，其实最开始解放的是父母，父母在家庭教育中才没有那么大压力。

6. 新亲子观，以儿童为师，不断叩问本源而共同成长。意大利教育家蒙台梭利说的那句"儿童是成人之父"，在信息时代应该说有着更不一样的意义，那就是：我们每一个父母都应该从儿童身上回归自己的本原。

7. 新文化观，以个性整合取舍中外文化，重建自信。我们整个国家正在重建文化自信，其实包括家庭观。在家庭文化上，我们也仍然有一个重建自信的过程。

8. 新科学观，让科学成为新父母的钢筋铁骨。现在太多的父母不是不爱，而是不知道怎么爱，不知道怎样的爱是科学的爱、智慧的爱。

9. 新发展观，以激活当下拥抱未来，让家庭超越时空延续。

四、新家风养成的原则

我们是一个社会主义国家，我们并没有提倡信奉某一种宗教，但是为什么那么多的人仍然沉浸在不同的宗教之中呢？就是因为人们需要精神上的引领。

其实，在家庭之中那个更高的引领就是家族的概念。家族正是家风绵延的最好载体。新家风的养成原则，本人认为有下面几条：

第一，融合东西，取长补短。

西方更强调自由，东方更强调纪律。西方的个体自由激发了创造力，同时它也是一种不稳定的力量，容易产生动荡。东方呢？东方重视群体的纪律，它有一个"守旧"的缺陷，但是更容易形成一个稳定的秩序。双方的融合，会为健康家庭的塑造提供更好的养分。

第二，由内而外，循序渐进。

家庭是物质生活之基，意义蕴育之根。意义和价值，就是经线和纬线。经线是意义感。意义就来自情感，情感是我们在家庭之中最初就存在的。这个情感导致的是个性的标准，是一个人对自我的评价。同时，纬线是价值感。价值来自物质，价值意味着社会通行的标准，这是一个外在的评价。我们在家庭教育之中，需要把经和纬交织起来，从家庭迈向社会中间形成一个巧妙的结合点，让我们的孩子自己内心由内而外地实现意义感和价值感，同时尊重孩子的生理成长规律，循序渐进。

第三，寓教于乐，玩物"尚"志。

这个"尚"是崇尚的"尚"。在信息时代，我们一定要寓教于乐，寓教于乐意味着要玩，但是玩的时候不能够乱玩。

我给大家提出来"三趣"——兴趣、乐趣、志趣。兴趣相当于一根火柴，火焰很容易熄灭；乐趣相当于一根蜡烛，如果长时间不开心，坚持会很难；志趣相当于一个电灯泡，就是以苦为乐，为了一个明确的目标能够持续前进。玩任何一件事情，都可以有这三重境界，并且都能够达到"养志"的目标。

第四，共同成长，并肩前行。

我一直提倡"父母孩子一样大"。有人就反驳我说：我现在有两个孩子了，难道我还是跟孩子一样大吗？因为我当初说的是父母就一个孩子，当孩子出生的时候，你才从普通的男女青年变成父母。现在到了父母生育第二个孩子的时候，还是父母孩子一样大吗？其实，没有相同的两个人，同样的一个家庭里面，龙生九子，家庭教育就一样吗？比如，我跟我哥两个人生活在同一个家庭，却接受了完全不一样的家庭教育。可以说，我接受的是完全自由、民主的家庭教育，我哥接受的却是棍棒式的家庭教育。在我哥小的时候，我爸常常抡起胳膊粗的竹子打我哥，有一次打得竹子都裂了。但是从小到大，我爸就只用鸡毛掸子扫了我一下。这就是同样的家庭、不一样的家庭教育。所以，父母和孩子共同成长、并肩前行，我们就可以享受家庭教育生活，而不是被教育的艰辛所困、所苦。

五、新家风养成的技巧

新家风如何养成？有的人强调仪式感，有的人强调内涵。我在这儿提供几个技巧，也是我个人的一点想法。这些技巧按照阶梯的方式排列，我觉得最基础的原则依然是攻心为上。

第一，共欣赏。

我们现在有着多重丰富的艺术生活，共同欣赏影视就是我们进行家庭教育的重要方式。还有各种大小环境：大环境，指社会的、国外的；小环境，指我自己在家里布置了一些什么，买回了一些什么。各类环境的创造，都是这样的一个欣赏的过程。

第二，共阅读。

仅仅欣赏还不够，一定要共阅读。共阅读可以培养孩子的自学能力，是孩子成长的根本。这个时候我特别强调——书是粮食不是药。

什么样的书是好书呢？前段时间《新京报》举办了一个论坛，我说：我认为符合两个标准就叫好书，第一是它能够提高一个人的自学能力；第二是能够激发创造力。所以，很多所谓的"坏书"它不见得是坏书，关键看你怎么读。

第三，共说写。

要进行批判性的阅读、激发自己思考的阅读，就意味着我们要共说写。我这两年一直在到处跑来跑去，就是因为说写课程。我希望有一天我们能够将华人说写发扬光大，以说为写，出口成章。

我这里讲的"说写"是以说为写，深度交流——本身就是让阅读向前一步，而这样的一个深度交流指的是怎样的深度呢？是感性和理性的融合，是有逻辑、体系的书面语言以口头形式进行表达。不是我们随意地来说一句话，不是我们一有情绪就在家里乱说。同时，也是成人和孩子的平等对话，不是我是大人就一直要说，你是小孩就一直要听。

第四，共创学。

如今，我们真的很重视教育，为了促进教育发展想出了很多方法。比如，研学就是非常好的一个方法。我觉得，研学其实在"学"的这一点上，在家庭中可以分为如下步骤——第一步，游学，走到哪儿，旅游一样，看一看就过去了。第二步，研学，有研究、有准备。第三步，创学。怎么样"创"呢？拍照片是创作，说一段话记录下来是创作，拍名胜古迹跟古人去交流，也是创作。

第五，共叙事。

日积月累地创造，最后会有一个共叙事的阶段——梳理提升，形成灯塔效应。我们现在都在说原生家庭，其实我一直很好奇：为什么大家都在说第二代，没有人愿意成为第一代？所以，我专门提出一个"元家庭"的概念。这个概念就是指的第一代家庭。

怎样才能成为第一代家庭呢？那就是，我就生活在一个普通的家庭中，但是我认真地梳理，我认真地过这一辈子。到了生日的时候，到了春节的时候，到了特殊家庭庆典的时候，我会总结自己这一年做了一些什么，我们家人之间互相交流。这样，一个家庭就有了幸福的生活。如果我有幸是有高度的，我就是更多后人的灯塔，再不济我对于家人而言也是一个路标。

所以，这样的共欣赏、共阅读、共说写、共创学、共叙事，指的不是千人一面。这样的家庭，不会让人丧失个性，而是成为各种不同个性的综合体。

六、新家风养成的作用

这样的养成技巧意味着什么呢？我个人认为，它意味着在新家风上，我们鼓起信息时代的家教风帆。

要以"智慧爱"建设我们第一代家庭，即"元家庭"，它其实等于一盏点亮的精神灯塔，形成了一个灯塔效应或路标效应，一旦形成了灯塔效应，意味着你的后人将不断地往这个效应之中增添自己更为丰富的精神特质，从而成为一个家族的家风、家训。

我曾经说过一段话：让每个家庭、每一个人都有机会在熟悉的地方，创造出人生的风景，在久远的时空中绵延流传。

它本身就是通过"智慧爱"养成新家风、建设"元家庭"的过程，同时也是共同构建人类命运共同体的过程。

这就是我今天的分享。抛砖引玉，谢谢大家！

公平读出新孩子

（2020年11月22日，北京，中国阅读三十人论坛"阅读推进社会公平"主题沙龙）

阅读真的可以推进社会公平吗？

曾经我对这一点是深信不疑的，正因如此，我作为专业作家，一度彻底放下了写作，做了很多阅读推广的公益项目，而且，表现得比较疯狂。

在"新孩子乡村阅读公益行"活动中，我去了四川古蔺的一个山区学校讲座。当时有一位老爷爷全程听完了我的讲座，散场时，他流着泪对旁边的一位老师说，这孩子讲得真好，我都听懂了。

我通过老师的文章了解了这件事，这个细节一直留在我的记忆里。但是，随着时间地推移，我对这个感人的细节，渐渐产生了截然不同的感受。

说实话，在开始的半年，这件事让我感动，让我兴奋。

因为，这说明我的讲座真正起到了效果，说明我果然以推动全民阅读推进了社会公平！这不正是实现了我的梦想的有力佐证吗？

我为什么去那么多的乡村学校？为什么我去了那么多的乡村学校，

听讲座的却只有7万多人呢？是因为很多地方，我跋山涉水、千里迢迢地去，只有100来个孩子。我觉得我真的推动了全民阅读从而推进了社会公平。

可是，我真的推进了社会公平吗？

我们把"新孩子乡村阅读公益行"项目设计得非常好。整个项目计划用4年时间。把我累得"半死"的讲座只是第一阶段。除了第一年是我亲自到每个学校做讲座，我们还有3年后续跟进的时间，就是我和我团队的伙伴为这样的100所乡村学校，免费提供3年的指导，免费为这些学校里的老师和父母提供如何科学、有效阅读的指导课程。

我希望，这样一个系统化的工作，能够真正地推动全民阅读、推进社会公平。

我希望为这些地方培养出立足于当地、扎根在当地并且能够影响当地的阅读教师。我相信懂得阅读的推广人，他们在当地生活着，自然而然地就会像萤火虫一样在田间地头飞舞，虽然光亮很微弱，可是始终会给大家带去光明，而那个正是我们这些生活在大城市衣食无忧的人，鞭长莫及的世界——我们每个人都只能生活在自己的世界里。

"新孩子乡村阅读公益行"活动结束后，我一次又一次地回望，并且我还带领着伙伴们，一次又一次地跟进。那里的学校，有没有实质性的改变呢？

毫无疑义地说，的确是有学校改变了。

但是，那些改变和我们所付出的努力相比，那成绩差得让我难以想象。

比如，我们送去的那1000万元的图书，几个月再去回访，书还是一包一包地堆放在那里，根本就没有拆封，听凭尘封虫蛀——所以，把书送到那里，不等于那里开始了阅读。

还有更重要的是，阅读了之后，又有什么结果呢？我们读得再好，都只是输入。我们真正地为人一辈子，事实上是在输出——我们的一言一行，我们做了一些什么。

所以，我不断去审视这个行动的结果，在后面的3年项目跟进之中不断去回望，我得到的感受越来越差，越来越差……

因为，最终得到的成效，与我付出的劳作，与我们团队那样无私地、全力以赴地帮助，完完全全不能成正比。

尤其是我的两位教育界的朋友——李玉龙和张勇，他们一个48岁、一个51岁，英年早逝之后，我就更加紧迫地来看一看：我真的推动了全民阅读进而推进了社会公平吗？因为我的这两位朋友，可都是在这个方面非常执着、非常狂热的人。

很遗憾，这样的一个看似科学的项目，其实并没有真正地促进社会公平。

退一步说，我作为一个专业作家，本身就能为推进社会公平做贡献。

譬如，我创作的第一本童书《嘭嘭嘭》，我只用了6天的时间就完成了，获得了几十个奖项，同时它也影响了几百万的读者。我用这本书的第一版稿费，资助了30个失学的孩子回到校园。

我用了6天的时间，就可以做这样推动社会公平的事。

而我用了4年的时间，做了那么"玩儿命"的事情，我是怎么来推动社会公平的呢？

推动阅读真的那么有用吗？相对来说，性价比真是太低了！我对这一切产生了深刻的怀疑。

所以，尤其是那位古蔺的老爷爷，最近这两年之中，说到他，我就会控制不住自己的情绪。怎样控制不住？那就是：他听了我的讲座之后，他会说"这孩子讲得真好，我都听懂了，阅读真的有用"。那么，他接下去能够带着自己的孩子阅读吗？作为一个留守儿童的爷爷，即使能够带着自己的孩子阅读，那么，他有那么多的钱去买那么好的书吗？即使他懂得有那么多买书的渠道，他能够通过怎样的方式去得到呢？

这一切，对我而言，一度是解不开的一个结。我自己就不断在这个过程之中挣扎着。

有时候想，我继续推广……

有时候想，我推广什么，我不如自己来写作……

总而言之，我今天之所以用《公平读出新孩子》作为讲演的题目，其实是我对"新孩子乡村阅读公益行"活动之后的一次反思。

对于阅读，对于阅读推广，我个人的反思就是：阅读的确是可以促进社会公平的，但前提是必须保持对阅读和阅读推广自身的反思。

我认为，公平本身就是推进阅读的一种有效方法；公平本身就是阅读推广的重要原则。

它怎样来体现呢？

它分为很多个层面。

第一，孩子和大人应该是公平的。

大人尽管表面上掌握了更多的知识，但是孩子有着绝对的权力，能像大人一样表达自己个人的意见，并且有足够的空间、时间、耐心，做充分地表达。这样的公平，才会真正在阅读之中呵护孩子的灵性，激发孩子的创造力，从而达到真正阅读的好效果。

尤其是我们现在已经到了后喻时代。后喻时代的一个最典型的标志就是，儿童可以教育成人。我们只有在阅读中注意这样的公平，我们才不会对孩子的天性抱有压抑甚至是扼杀的心态。

第二，城市和乡村应该是公平的。

当下，我们在阅读推广之中，常常以文明为旗帜，指责乡村的愚昧。我对此一直都觉得非常迷惑不解。

如果从广义的阅读来说，我们阅读大地、阅读田野、阅读高山、阅读河流……这些不都是阅读吗？

就算是从狭义的阅读来说，我们都知道马斯洛的需求层次理论。其实我们今天能够坐在房间里读书，是因为我们先天和后天有着种种幸运。因为我们占据了诸多的社会资源优势，那么我们有什么资格去指责甚至鄙视那些每天从早到晚拼命劳作，月收入不足1000元的6亿中国人呢？我们为什么不来想一想：作为阅读推广人，我们是不是研发了更为科学的、更为高效的阅读方法去帮助他们？我们有没有那种更节约的、更有用的方法，直接给他们，激发他们的阅读兴趣？甚至有没有可能我们促成的不仅仅是阅读，而是更多呢？ 这不就应该是阅读推广人应尽的职责吗？

邬书林老师是"中国阅读三十人论坛"的成员。上一次，我在聂震宁老师举办的活动中见到了他。他非常严肃地走下来——邬老师是一个非常严肃甚至非常严厉的人！但是，他真的非常非常厉害！他走过来之后，对我说："童喜喜，我们'中国阅读三十人论坛'，你作为秘书长，你要来做什么？你要来做科学研究。阅读不是大家所说的那样泛泛而读。"

我说："邬老师，关于这个问题，我还真是有话可说。"我就给他讲了一下，尽管"中国阅读三十人论坛"去年才成立，又受新冠肺炎疫情的影响，中断了很多工作，但事实上我们的研究一直在不同的层面进行着。比如，我们的周兢教授做了绝对专业的阅读研究。我们大家，包括我自己，也一直在做一些阅读的研究。

所以，只有相信阅读在促进儿童成人、城市乡村最大化的公平，才可能相信：每颗心灵都是油田，只需要合适的火柴去点燃。

我们既要对自己的工作抱有神圣感，同时也要相信我们的工作对象非常的了不起。

否则，我们推动阅读，就会成为一方对另一方的精神霸凌。

关于其他的公平，诸如男性女性在阅读内容上的公平、纸质媒体和其他媒体的种种方式上的公平，这些我就不展开说了。

但是，我想说的是，关于我们价值观的转变。

我之所以成为一个阅读推广人，百分之百的原因都是来自一本书，那就是朱永新老师写的《我的阅读观》。

在此之前，我出版了10本书，是一个专业作家。5年时间，一个记者都不见，为什么呢？我觉得我是作家，社会分工不同，我的职责就是写作，而不是接受记者采访，招徕读者帮出版社卖书。

后来我为什么热衷于推动阅读？就是因为我读到了朱永新老师的《我的阅读观》，它讲的是一个宏大建构的问题。它确定了我宏观上的阅读价值观。

但是，我现在讲的这个阅读观，其实是一个小处的、细节的改变。

怎样的改变呢？

我们现在建立的阅读价值观，其实是工业时代的。强调的是成体系的知识积累，然后，熟练运用。偶尔有那么一两个知识积累丰厚又能运用的人跑出来，说："哇，你是天才，你是精英，了不起！"

我们现在到了信息时代，我们是否应该从现在的生活出发，再来反思阅读的价值观呢？因为我们现在已经有高科技手段，完全可以让我们遵循个性，建构自我。在这个基础之上，阅读就会变成一个挖掘潜力、绽放自我的过程。

聂震宁老师说："阅读力决定学习力。"其实，我比聂老师更极端，因为我一直说："阅读能力就是自学能力。"这句话其实不是我说的，而是教育家朱永新老师他们那一代人这么多年以来的经验总结，对此，全世界有很多教育研究。

比如，美国缅因州的国家实验室，他们在20世纪做过一个非常著名的研究——研究学习，提出一个"学习金字塔"理论。"学习金字塔"讲的是，一个人学习完了，两个星期之后，还记得多少。

第一种学习方式也是效果最差的一种是通过听讲学习的。就是老师在上面讲，学生在下面听，也就是现在最普遍的教育模式。这种方式只能够有5%的记忆力。

第二种学习方式能够拥有的记忆力比第一种要多1倍，两个星期之后能够记住10%。这个方式就是通过"阅读"。

因此，阅读是一种有效的学习方式。这是最简单的、基础的常识，如果我们都不能够认识阅读的重要性，不能去推动阅读的话，那么我们怎么来认识自身呢？

我觉得，只有反思阅读和推广各个环节的公平，不断地去研究我们在此基础之上的阅读，才会真正地不断汇聚人类最美好的精华。阅读才是真正的建构，而不是灌输，更不是洗脑。

这样的阅读，以更加科学的方式，从每一个个体的角度，建构出每个个体的美好。它是每一个人，是人人，所以阅读才美好。

今天，我之所以用《公平读出新孩子》为题来演讲，是因为所谓的"新孩子"，是我写的一套书，讲述了中国大地上关于孩子成长的一些故事。

而事实上是，我用"新孩子"来为这套丛书命名，来定义我心中的中国儿童精神。

因为大家应该了解，儿童精神从国外传过来，它其实是一个专有名词，那就是自由。为什么《长袜子皮皮》这么受推崇，就是因为它代表着儿童精神——自由。

但是，我觉得这个儿童精神，它和儿童的特点不一样，是从特点往下挖掘，我觉得它应该由3个词组成：第一是"自由"，第二是"自律",第三是"自新"。

自由是基础,自律是手段,自新是目的。

运用到阅读之中,也同样如此。

没有自由,绝对不可能产生自律。因此没有自由的阅读,绝对不可能自主阅读。

自律是什么呢?没有自律,再多的自由也只会一塌糊涂。这就是为什么朱永新老师以及这么多的老师,都在研究经典的书目,研究科学的阅读方法。

到了第三个阶段,就是"自新"。如何从阅读的公平、从阅读的效果,反推我们在阅读推广行动中的点滴差异或者不足?这些年我和伙伴们从阅读课程开始,走向了"说写课程"的研究。

"说写"就是培养人们以说为写的技能,通过说在读和写之间架起一座桥梁,以说写让阅读向前一步。

说写课程中有一个铁律,叫"绝对不批评,重复好句子"。它根本的秘诀就在于在家庭及学校中儿童和成人的公平。就是在这样一点点改变之下,我们邀请了美国实证研究专家叶仁敏博士,她带领团队,对说写课程进行了多次实证研究,证明了我们的这个课程效果是极其显著的、非常惊人的。并且,这个课程正在人大附中的小学部开展,在我们新教育全国各地的几十万师生中开展。与此同时,这个课程还成为很多学校的教育科研课题,更重要的是,它在城市和乡村取得了同样惊人的效果,甚至在乡村取得的效果比城市更好。

所以,我们这些年不断推进说写课程,就是一直基于这种科学的规律。比如我刚才说的"学习金字塔"。

学习金字塔的第三种学习方式，就是用"声音+图片"的方式学习，效果可以达到20%。

学习金字塔的第四种学习方式是"示范"，采用这种方式，可以记住30%。

学习金字塔的第五种学习方式，是"小组讨论"，可以记住50%。

第六种学习方式，也就是最后一种，就是"教别人或马上应用"，可以记住90%的内容。

因此，我们不能马上写，可是我们可以马上说。当我读完了之后立刻来说，就意味着我们在这个阅读推广的过程中，一方面掌握了一个有效的工具；另一方面，对于我们推动的那些孩子，他们很快就能看见效果。因而，他们对于阅读的热情也会被点燃。

就是在这样的状况之下，我觉得我们可以说，以前面的那一位为我流泪的古蔺老爷爷为代表的人们，他们的困境，在今天是有可能解决的。这也是我到今天仍然没有放弃阅读推广的原因。

比如，我没有钱给老爷爷送纸质图书，可是我可以给他送音频。因为科学研究证明，声音加上图片的学习，其效果能达到20%。

又如，我不用当孩子的老师，我不可能当所有人的老师；而老爷爷也不是孩子的老师。真正的老师是谁呢？真正的老师是孩子自己。这时，他才能够真正地从图书中选取他相信的内容，从而更好地开展阅读，把读到的这些内容中他相信的那一部分，作为他的老师，这样往前走。

以上就是我今天跟大家分享的关于阅读、关于推进社会公平的一点感受。它来自我对自己不断的反思。我觉得，接下去，我更需要做的是不断地向各位学习，不断地反思，不断地前行。

谢谢大家！

后记：已得广厦千万间之后

我自己都不敢相信，这些年，我做过的家庭教育主题演讲，竟然足够结集成册。因为，我真正想说的，似乎还没有来得及说。

教育，真的很难。因为我有了亲身感受，才真正理解了其中的艰辛。

实在是时代的变化，太大了！太快了！需要关注的苗头，值得研究的问题，应该推广的成果，必须运用的方法……真是数不胜数。

所以，我应该比其他时代的人更加努力。

当我沉浸在我的文学世界里，我会感觉特别幸福。作家最喜欢变化，越大的变化越有益于写作。

可是，但凡我以任何方式，看到了手足同胞甚至异国他乡人们的状况，我常常会陷入焦虑之中：今天的人们，该如何生活呢？自己还在艰难适应新时代，作为父母，如何去陪伴和引领自己的孩子呢？

我是家庭教育的受益者。我的一切收获，最根本的原因在于家庭教育。而我的家庭教育，来自不识字的外婆、识字不多的爷爷、小学高年级辍学的父母。

所以我一直相信：平静下来，冷静下来，学习起来，行动起来，我们每一个普普通通的老百姓都能赢——不是赢在做人上人，而是每个人都能够赢得自己的幸福，让千万间广厦真正成为千万颗心灵家园。

所以，我应该比今天那些不幸的人们更加努力。

今天的我们，在物质生活上比过去的同胞幸福得多。但是，已得广厦千万间之后，只有安放了心灵，才是幸福。

国家在为此努力，人们在为此努力，作为研究者，也应该为此努力。

作为儿童文学作家，我比一般的教育研究者，还多了一个工具：童书。

就像我刚刚完成的《少年元宇宙》系列童书，就是把一个人在信息时代的生活与成长中应该具备的网络核心素养，即适应和开创第三代互联网（元宇宙）以及进行互联网进一步更新迭代所需的关键技能和必备品格，提炼为"信商"，包括网络德商、网络美商、网络智商、网络情商、网络逆商、网络财商六大素养——我把它们以故事的方式融入《少年元宇宙》的儿童文学之中，让孩子通过阅读实现自我教育。

所以，我应该比其他教育研究者更加努力。

努力并不是我想做的，而是我应该做的。

我得不断提醒自己：我不可以只顾自己生活安逸，应该努力，继续前进。

感谢帮助我整理演讲稿的各位伙伴。感谢你们一路相伴的温暖。

感谢和我一起走过这一路的教育界同路人。有的人给我教益，有的人给我教训，都增长了我的精神财富。

感谢策划编辑潘炜博士的指导，感谢责任编辑杨雅琳及文字编辑李楚妍的辛劳，我们一起再接再厉。

感谢我的读者，是你们的阅读，才让我走到了今天。

2022年7月6日于北京

附录：童喜喜主要创作年表

2003年5月

完成长篇小说《爱乱了》，由中国电影出版社出版。

著名评论家、武汉大学博士生导师樊星评论：如何写出压力下的坚守，迷惘中的坚韧，也许是'新生代'文学的新突破口所在。《爱乱了》在这方面做出了积极的尝试，其意义不可低估。"

2003年7月至2013年12月

完成"嘭嘭嘭"新幻想系列，由春风文艺出版社、中国少年儿童出版社、北京联合出版有限出版社（新经典文化股份有限公司）先后出版。该系列目前已出版《嘭嘭嘭》《再见零》《玻璃间》《小小它》《影之翼》《织梦人》《我找我》7册。

该系列为童喜喜的童书代表作，适合小学中年级至初中的学生阅读，曾获冰心文学

奖、国家新闻出版广电总局向全国青少年推荐百种优秀图书、全国优秀畅销书奖、团中央"五个一"工程奖、国家"三个一百"原创优秀作品奖等奖项，先后入选2004年"亲近母语读写大赛"必读书目，第五届沪、港、澳与新加坡四地中学生读书征文活动必须参考书目等多种读书大赛必读书目。

2004年4月至2009年7月

完成"魔宙"系列图书，由古吴轩出版社、中国少年儿童出版社先后出版，已出版《因为有你》《彼岸初现》《流年行歌》3册。

该系列为全景创世纪式奇幻小说，曾获全国优秀畅销书奖、思考乐最佳幻想奖。

2006年6月至2012年4月

完成"百变王卡卡"系列，与李西西合著，由接力出版社、江苏少儿出版社先后出版，已出版《一朵花的森林》《甜甜的淘气老师》《吃掉铅笔来跳舞》《蒲公英飞过城市》《你找不到我》《幸福的秘密》《好听话大合唱》《雨天其实也有阳光》8册。

荣获《中国教育报》"2018年度致敬童书20强"称号，入选教育部《2019年全国中小学图书馆（室）推荐书目》。

2008年9月至2017年3月

完成"网侠龙天天"系列，由中国少年儿童出版社、二十一世纪出版社先后出版，已出版《给老师当老师》《班长打擂台》《王牌对手》《神秘的幸福基地》《天使在人间》《亲亲一家人》《小侠在行动》《明星奇遇记》8册。

该系列为网络题材的校园小说。书中首度提出"网商"概念（网络智商＋网络情商），由"IAP中小学生综合素质能力竞赛""百度宝宝知道"及诸多教育家、阅读推广人权威推荐，获《中国少年报》选拔试读会小读者票选第一名、入选北京阅读季"最受青少年喜爱图书100种"、2017年度中国童书榜"父母特别推荐奖"。

2010年9月

完成《我们的一年级》，由中国少年儿童出版社、北京联合出版有限公司（飓风社）先后出版。

入选著名特级教师张祖庆寒假推荐书单。

2011年5月

完成《那些新教育的花儿》，由福建教育出版社出版。

该书为报告文学，记录了参加新教育实验的人们的诸多探索，从一个个具体人物的喜怒哀乐中，折射出中国教育的现状与思考。

2016年8月至2019年1月

主编《新教育晨诵》（全套26册）、《让生命放声歌唱——新教育实验晨诵项目用书》，由安徽少年儿童出版社出版。

《新教育晨诵》系列从幼儿园至高中，每学期一册，为新教育实验的晨诵课程学生读本。童喜喜将稿费100%捐赠给了新教育实验公益项目。

荣获《中国教育报》2016年度"教师喜爱的100本书"。

2019年5月

完成《萤火虫的故事》，由重庆出版社出版。

该书为童喜喜第一部童诗集。为中国知名童诗品牌图书"中国最美童诗"系列丛书之一。

2014年6月至2020年6月

完成"新孩子"系列童书，由二十一世纪出版社、安徽少年儿童出版社先后出版。

全套共24册。

"新孩子"系列童书开启了儿童教育文学先河，首创以文学提升核心素养的童书体系，结合耶鲁大学耗时40年的儿童心理研究成果，以中国新教育实验的真实优秀教育案例为原型，根据教育部推出的《中国学生发展核心素养》要求提炼出24大主题。每一本书侧重一个主题，以螺旋上升的方式对核心素养持续细化、深化、内化、强化，并以世界独创的说写课程搭建阅读到写作的桥梁，帮助孩子提升核心素养，养成说写习惯，汲取精神力量。

"新孩子"系列童书得到国际IBBY-iRead爱阅人物奖得主、国家全民阅读形象代言人朱永新，国际少年儿童读物联盟（IBBY）主席张明舟，国家图书馆少儿馆馆长王志庚，清华大学附属小学校长、全国著名语文特级教师窦桂梅，美国麻州大学教育领导学系主任、中国教育三十人论坛成员严文蕃教授，第一位美国高等学府教育学院华人院长、美国纽约曼哈顿维尔学院终身教授万毅平等诸多名家联袂推荐。

该系列荣获《中国教育报》2014年度"教师喜爱的100本书"之年度9部"儿童文学"作品之一、全民阅读年会50种重点推荐图书、"中国童书榜"2020年度最佳童书奖等。

2014年6月至2021年4月

完成《喜阅读出好孩子》，由湖北教育出版社、电子工业出版社先后出版。

教育类畅销书，系童喜喜自2010年开始历时5年阅读研究的心得，适合父母、教师阅读。先后入选《中国教育报》"教师喜爱的100种图书"、新东方家庭教育中心《父母阅读推荐书目100本》，获深圳图书馆年度读者借阅率最高总榜第9名、湘鄂赣专家联合推荐30种优秀图书、首届湖北网络读者"我最喜爱的10种图书"、《中国出版传媒商报》"家庭教育影响力图书"等荣誉。

2017年9月至2021年5月

完成《十八年新生》，由湖北教育出版社、电子工业出版社先后出版。

该书为教育散文，记录了童喜喜从一位写作者到一位教育公益人，从一位专职儿童文学作家到一位资深教育研究推广者，从1999年资助失学女童开始17年中的教育心路历程和探索行动。

荣获《中国教育报》2017年度"教师喜爱的100本书"。

2021年7月

完成《大语文日课——童喜喜说写365》，由电子工业出版社出版。

2021年9月

完成《在没有路标的大地上》，由电子工业出版社出版。

该书通过"故人不远""北川三忆""教育永新""雕塑自我"四部分，由远及近、由外及内，徐徐展开一位作家的教育人生画卷。作家以人生经历为纸，以仁爱之心为墨，以深刻反思为笔，探讨教育的本质问题：一个人如何在自我挑战中自我教育？

荣获《中国教育报》2021年度"教师喜爱的100本书"。

2022年3月

完成《校长的超越》，由电子工业出版社出版。

该书分为"心为火种""领读者""让生命歌唱"三大板块，从关照校长内心出发，以阅读为抓手，引领全校师生以教育奏响生命之歌。

2018年8月至2022年8月

完成《智慧行动创造教育幸福：新教育实验十大行动理论与技巧》，由山西教育出版社、电子工业出版社先后出版。

作者立足于十余年的一线田野研究，从营造书香校园、构筑理想课堂、研发卓越课程、家校合作共育等十个方面，进行了深入浅出的理论解析，分别从地区、学校、教室三个维度推荐了一百多种操作策略。即为一线工作提供了高效的方法技巧，也对相关教育政策制定具有借鉴作用，是一部教育工作者的案头书，值得细读与践行。

2022年4月

《给新孩子的中华优秀传统故事》（全18册）丛书，童喜喜策划、统筹。同时担任"社会责任卷"分册主编。由安徽少年儿童出版社出版。

该书延续《新孩子》系列童书创作的主线，继续以教育部颁布的《中国学生发展核心素养》为体系架构，成为第一套核心素养为选编体系的中华优秀传统文化教育丛书。

该书邀请19位著名专家学者担任主编、数十位知名儿童文学作家撰写，全书包含288位趣味盎然的古代名人素养故事，融入288幅古画赏析的美育课程，研发288篇深化阅读、反思实践的"说写"课程，备受社会各界好评。

2022年7月

《少年元宇宙》（第一季）共3册，由电子工业出版社出版。

该系列童书融入作者童喜喜的多年研究成果"信商"——网络德商、网络美商、网络智商、网络情商、网络逆商、网络财商，以儿童喜爱的故事，润物无声的培育一个人在信息时代的生活与成长中应该具备的网络核心素养，即适应和开创元宇宙时代所需要的关键技能和必备品格。

《少年元宇宙》得到全球教育最大奖项"一丹教育发展奖"得主朱永新教授、国际少年儿童读物联盟张明舟主席的力荐。

2022年9月

《家庭教育》（小学段）共12册，童喜喜与南宁师范大学教育学院李福灼院长共同主编，由漓江出版社出版。

该书针对小学父母面临的诸多问题，提供了科学、全面的解决方法，倡导亲子共同成长，让家庭更加幸福。

《家庭教育》丛书全套共32册，推动0～18岁信息时代背景下的家庭教育，童喜喜兼任全书统筹，参与各学段审读。